かんたん！ラクチン！

冷凍保存の便利レシピ 266

おいしく長もち！ 後で差がつく 冷凍のコツ！

舘野鏡子

お金も時間も節約できる！
冷凍保存ってこんなにお得♪

冷凍で節約！

おいしく長持ち！
食材がムダにならない

冷蔵庫で保存していたら2〜3日しか日持ちしない食材も、冷凍すれば、保存期間は2週間。すぐに使わなくても、使いたいときに使えるので、ムダにすることなくしっかり使い切れます。

ひき肉

生なら **2日間**

⇩

冷凍なら **2週間**

きゅうり、トマト

生なら **2〜3日**

⇩

冷凍なら **2週間**

まとめ買いして
冷凍すれば
食費が大幅ダウン！

カットされたものよりも1個丸ごと、1切れよりも1パック買ったほうが割安になります。食材をまとめて買って冷凍しておけば食費を削減できます。

カット品や単品で買う	
キャベツ半玉	100円
玉ねぎ2個	120円
さけ2切れ	300円
合計	520円

丸ごと1個、袋やパックで買う	
キャベツ1玉	150円
玉ねぎ1袋（4個）	150円
さけ1パック（4切れ）	400円
合計	700円

値段は約1.3倍で量は2倍！

まとめ買いが
断然お得！

食材を上手に冷凍して使い切れば、ムダなく節約できます。
また、料理を作って冷凍しておけば、調理時間の短縮になって、忙しい人も大助かり！

冷凍食材があれば調理時間が短縮

例えば下味をつけた冷凍豚肉と冷凍玉ねぎがあれば、炒めるだけで豚肉と玉ねぎのしょうが焼きが完成。食材を切ったり、下味をつけて冷凍しておけば、料理時間の短縮に。

下味をつけた冷凍豚肉

冷凍玉ねぎ

炒めるだけで 豚肉と玉ねぎのしょうが焼き が完成！

夕食を多めに作って冷凍すれば調理時間半減！

夕食を作るときに多めに作って、ついでに冷凍保存しておけば、調理は1回で2度食べられ、調理時間が半分で済みます。あまりを冷凍しておいて、別の日のおかずや、お弁当のおかずに。

調理1回で2度食べられる！

夕ごはんに

冷凍保存

(いろんなシーンで大活躍！)

みんなに役立つ！冷凍保存

お役立ちポイント 1

残りがちな食材も使い切れる

キャベツ1玉、かぼちゃ1個、大根1本など、丸ごとがお買い得ですが、新鮮なうちに使い切るのは難しいもの。この本では、バラエティ豊かな冷凍保存法を紹介しているので、上手に食べ切ることができます。

今日はカレー

残りは冷凍

別の日のランチに

1個丸ごと使い切れるからひとり暮らしにも◎

マッシュにして冷凍⇒スープやコロッケに

煮物に

生のまま切って冷凍⇒炒め物やグラタンに

お役立ちポイント 2

たくさん作っても飽きずにおいしく食べ切れる

カレーや煮物など、一度にたくさんできてしまう料理は、残りを冷凍しておいて別の日のランチにすれば、最後まで飽きずに食べられます。

お役立ちポイント 3

まとめて冷凍しておけば買い物に行けない日も安心！

仕事や育児、介護などで忙しく、買い物に行けないときも、食材を冷凍しておけば、充実したごはんが作れます。

下味をつけた冷凍牛肉 ＋ 冷凍野菜ミックス

手間も減って、節約もできる冷凍保存。一家の台所を預かる主婦はもちろん、食材をあまらせがちなひとり暮らしの人から料理や買い物に行くのが大変な高齢の方まで、さまざまな生活スタイルの人に役立ちます。

お役立ちポイント4
冷凍おかずでラクラクお弁当

あまった料理をカップに小分けにして冷凍しておけば、お弁当箱にそのまま入れられて手間いらず。凍ったまま、または解凍してから入れます。

お役立ちポイント5
離乳食や子どものおやつにも

子育て中は、時間があるときにまとめて作って保存しておける冷凍保存が役立ちます。すりつぶすなどの手間のかかる離乳食はもちろん、手作りしてあげたいお子さんのおやつにも。

お役立ちポイント6
いつでも誰でもすぐごはん！

料理の冷凍ストックがあれば、レンジで温めるだけで1人分のごはんができあがり。帰りの遅い人の夕食、夜食に、留守番をしている家族のごはんにも助かります。自炊がおっくうな単身赴任や高齢者への差し入れにも。

もくじ

冷凍保存ってこんなにお得♪ ……… 2
みんなに役立つ！ 冷凍保存 ……… 4

この本の使い方 ………………………… 10

1 冷凍保存の基本

押さえておきたい!
冷凍保存の基本ステップ ……… 12

基本の冷凍法
生のまま ①生のまま冷凍 ……… 14
下味をつけて ②下味をつけて冷凍 ……… 15
ゆでて ③ゆでて冷凍 ……… 16
調理して ④調理して冷凍 ……… 17

冷凍の準備
　①「小分け」にして冷凍 ……… 18
　②「まとめて」袋に入れて冷凍 ……… 19

解凍
　冷凍食材の解凍法 ……… 20

そろえておきたい!
冷凍保存に便利なグッズ ……… 22

2 食材別冷凍保存法

肉類

牛・豚ひき肉	24
鶏ひき肉	25
豚薄切り肉	26
豚こま切れ肉	27
豚かたまり肉（豚バラ肉／豚スペアリブ／豚もも肉）	28
豚厚切り肉	29
牛こま切れ肉	30
牛厚切り肉（牛ステーキ肉／牛カルビ肉／シチュー用牛肩肉）	31
鶏もも肉	32
鶏むね肉	33
鶏ささみ	34
鶏手羽先、手羽元	35
鶏レバー	36
ハム、ベーコン、ソーセージ	37

魚介類

あじ	38
さんま	39
いわし	40
さけ（切り身）	41
かじき（切り身）／たら（切り身）	42
ぶり（切り身）／さば（切り身）	43
いか	44
えび	45
ゆでだこ／あさり、しじみ	46
ほたて／いくら	47
たらこ、明太子	48
あじの干物／ししゃも（丸干し）	49
しらす干し、ちりめんじゃこ／まぐろの刺身／うなぎの蒲焼き	50
かまぼこ／ちくわ／さつま揚げ／はんぺん	51

野菜類

ほうれん草／小松菜	52
チンゲン菜／春菊／白菜	53
キャベツ	54
にんじん	55
玉ねぎ	56
じゃがいも	57
かぼちゃ	58
さつまいも	59
里いも	60
山いも	61
ごぼう	62
れんこん	63
かぶ	64
大根	65
トマト、プチトマト	66
なす	67
ピーマン、パプリカ	68
ブロッコリー／カリフラワー	69
きゅうり	70
ゴーヤー／グリーンアスパラガス	71
セロリ／オクラ	72
枝豆／グリーンピース／さやいんげん／さやえんどう	73
きのこ類（しいたけ／しめじ／えのきだけ／なめこ）	74
たけのこ（水煮）／もやし／にら	75
万能ねぎ／長ねぎ／みょうが	76
香味野菜（みつば／パセリ／バジル／青じそ）	77
にんにく／しょうが	78
ひじき（乾燥）	79
切り干し大根	80

冷凍コラム①
野菜を混ぜて冷凍!
自家製冷凍野菜ミックス …… 81

果物類

いちご／りんご	82
レモン	83
ゆず	84
バナナ／パイナップル／ 　キウイフルーツ／ぶどう	85
みかん／オレンジ／ 　グレープフルーツ／メロン、すいか	86
ブルーベリー、ラズベリー／アボカド	87

Dessert Column 1
冷凍フルーツですぐデキ!　デザート
ひと口ショートケーキ／ヨーグルトココアバナナ／
アップルデニッシュ／フローズンヨーグルト
……… 88

大豆製品

豆腐／高野豆腐	90
厚揚げ／油揚げ	91
おから／納豆	92
大豆	93

卵・乳製品

卵	94
牛乳／バター／チーズ／ピザ用チーズ	96
ヨーグルト／生クリーム	97

穀類

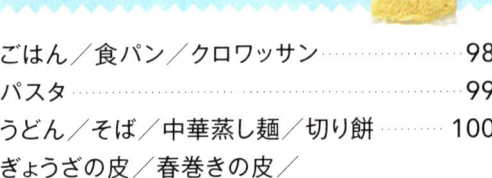

ごはん／食パン／クロワッサン	98
パスタ	99
うどん／そば／中華蒸し麺／切り餅	100
ぎょうざの皮／春巻きの皮／ 　小麦粉（片栗粉）／パン粉	101

その他

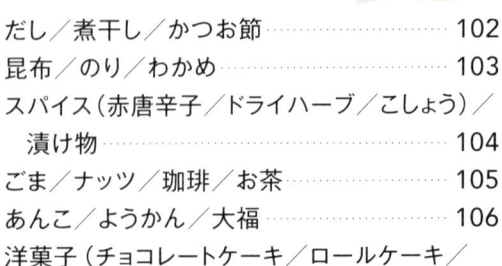

だし／煮干し／かつお節	102
昆布／のり／わかめ	103
スパイス（赤唐辛子／ドライハーブ／こしょう）／ 　漬け物	104
ごま／ナッツ／珈琲／お茶	105
あんこ／ようかん／大福	106
洋菓子（チョコレートケーキ／ロールケーキ／ 　チーズケーキ）	107

冷凍コラム②
チェックしておきたい!
冷凍NG食材 …… 108

3 定番おかずの冷凍保存法

ハンバーグ	110
ぎょうざ	111
とんカツ	112
から揚げ	113
牛丼	114
煮豚	115
筑前煮	116
かき揚げ	117
ハヤシライス	118
カレーライス	119
コロッケ	120
春巻き	121
かぼちゃ煮	122
ポテトサラダ	123
炊き込みごはん	124
チャーハン	125
海鮮ちらし寿司	126
いなり寿司	127
お好み焼き	128
焼きそば	129
マカロニグラタン	130

定番ソースの冷凍保存法 131
トマトソース／ホワイトソース／ミートソース

定番おやつの冷凍保存法 132
ホットケーキ／クッキー／ピザトースト／
フレンチトースト／白玉団子

Dessert Column 2
冷凍庫でできる！ フリージングおやつ
小倉ミルクキャンディー／レーズンビスサンド／
ひと口ゼリーシャーベット／ねぎ豚マフィン
......134

冷凍コラム③
使いやすくなってグンと長持ち！
冷凍庫の収納の正解 136

食材、料理別50音さくいん 138
よく使う食材の冷凍法をチェック！
食材別冷凍早見表 142

この本のきまり

- 保存期間は目安です。保存状態やご家庭の冷凍庫の状態でも変わります。必ず状態を確認して使いましょう。
- 食品が傷みやすい梅雨どきや夏場は、食品の扱いに気をつけ、室温で解凍するのは避けたほうが無難です。
- 「凍ったままお弁当に」のマークがついたものは凍ったままお弁当に入れられます。ただし熱いものと一緒に詰めると傷みの原因になるので、ごはんや他のおかずはしっかり冷ましてから入れてください。気温が低いときは解凍されにくいので、解凍してから詰めます。
- 小さじ1は5㎖、大さじ1は15㎖、1カップは200㎖です。炊飯器用の1合は180㎖です。
- 電子レンジの加熱時間は600Wを基準にしています。500Wの場合は加熱時間を1.2倍にしてください。

この本の使い方

❖ **2章 食材別冷凍保存法**

❶ **下ごしらえ**
冷凍時の下ごしらえの状態と保存期間を表示。

❷ **解凍法**
冷凍法に合った解凍法を紹介。

❸ **活用法**
冷凍食材の活用法を紹介。

❽ **冷凍ミニコラム**
「保存のコツ」や「冷凍〇×」、「材料メモ」などをアドバイスします。それぞれのコラムの内容は下記を参照。

❹ **お弁当マーク**
「凍ったままお弁当に」マークのものは、凍ったままお弁当に入れられます。「お弁当に」マークのものは、加熱してから入れて。
※P9「この本のきまり」も参照。

❖ **3章 定番おかずの冷凍保存法**

❺ **調理済みを冷凍**

できあがった料理を冷凍する方法と保存期間。

❻ **半調理で冷凍**

ハンバーグのたねなど、調理の途中で冷凍する方法と保存期間。

❼ **あまったら冷凍**
調理であまった材料の冷凍法を紹介。

冷凍ミニコラムの仲間たち

保存のコツ
シロクマ
おいしく、使いやすく、長持ちする冷凍保存のコツを教えます。

冷凍〇×
ふたごのアザラシ
冷凍できるもの、できないもの、冷凍の便利な使い方も教えます。

材料メモ
レシピメモ
ペンギン
調理して冷凍するときの分量、アレンジなど、調理にかかわるコツを教えます。

1

冷凍保存の基本

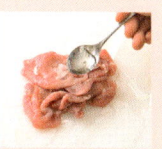

冷凍、解凍の基本テクニックを紹介します。
ポイントをしっかり押さえて冷凍すれば、
食材がグンとおいしく、長持ちします!

◇ 冷凍保存の基本ステップ …… P12
◇ 基本の冷凍法 …………………… P14
◇ 冷凍の準備 ……………………… P18
◇ 解凍 ……………………………… P20
◇ 冷凍保存に便利なグッズ …… P22

押さえておきたい！
冷凍保存の基本ステップ

Step1
下ごしらえ
➡詳しくは P.14〜17

生のまま 生のまま、そのまま、または食べやすく切ります。

下味をつけて たれなどで下味をつけます。

ゆでて ゆでたり、電子レンジ加熱をします。

調理して 完成まで、または途中まで料理します。

下ごしらえPoint
☑ **新鮮な食材を冷凍**
食材をおいしく冷凍するには、鮮度のいい状態で冷凍することが大切。古くなってからではなく、買ったその日のうちに冷凍するのがベストです。

Step2
冷凍の準備
➡詳しくは P.18〜19

小分けにする
1回分の使用量ごとに小分けにしてラップに包みます。

まとめて袋に入れる
一度に使い切れるときや、冷凍してもバラバラになりやすいものは、袋にまとめて入れます。

冷凍保存Point

☑ **平らにする**
平らにして冷凍すると冷凍時間が短縮できるとともに、庫内の保存も省スペースに。

☑ **空気を抜く**
食品は空気に触れると乾燥して劣化してしまいます。しっかりと空気を抜いて冷凍を。
また、パッケージのまま冷凍するのもNG。食材がパッケージの内側の空気に触れたり、密封が不十分になるので、酸化しやすくなります。

冷凍保存の基本手順は 下ごしらえ → 冷凍の準備 → 冷凍 → 解凍 という4ステップ。それぞれの過程でポイントを押さえて冷凍すれば、よりおいしく、使いやすく冷凍保存できます。

Step3 冷凍

急冷させる

できるだけ時間をかけずに急速に凍らせます。加熱したものは、必ず冷ましてから冷凍しましょう。

熱伝導性の高い金属トレイにのせて冷凍すると、冷凍時間が短縮できる。

Step4 解凍

➡詳しくは P.20〜21

解凍して使う

すぐ使いたいのか、ゆっくり解凍できるのか、調理法や食材の特徴によって解凍法を使い分けます。

凍ったまま使う

加熱調理して使う場合、火の通りが早いものは凍ったまま使えます。解凍する手間がなく、ラクチンです。

冷凍Point

☑ **品目と日付を記入する**

冷凍しても食材の劣化は進むので、早めに使い切るのがおすすめ。品目と冷凍した日を書いておいて、古いものから使いましょう。

解凍Point

☑ **再冷凍はしない**

冷凍→解凍のプロセスで食品の細胞は破壊され、その回数が増えるほどダメージが大きくなります。味や食感が落ちるだけでなく、雑菌が繁殖する恐れもあるため、一度解凍したものは、再冷凍しないようにしましょう。

基本の冷凍法 1

生のまま冷凍

●おすすめ食材
肉類、魚介類、野菜類（根菜、きのこなど水分が少なめのもの）、菓子類、調味料など

生冷凍のメリット

① **手間いらず**
そのまま、あるいは切るだけでササッと冷凍できる。

② **幅広く使える**
未調理だから、解凍後の味つけ、調理が自在にできる。

 肉・魚介類
（例：豚こま切れ肉）

1 酒をふる
小分けにしてラップにのせ、酒をふる。
> Point
> 酒が酸化や乾燥を防ぐ。脂肪分を含む肉、魚に。

2 空気を抜きながら包む
空気を抜きながらラップで包む。
> Point
> 真ん中をくぼませておくと早く冷凍できる。

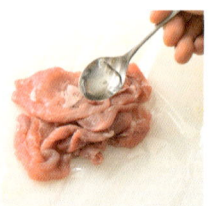

3 冷凍用保存袋に入れる
2を冷凍用保存袋に入れて密封する。

4 急冷させる
冷凍用保存袋ごと金属トレイにのせて、冷凍する。

野菜類
（例：キャベツ） 

1 使いやすく切る
洗って、使いやすい大きさに切る。
> Point
> 水分が多いものは、小さく薄めに切ると食感が変わりにくい。

2 水けをふく
水けのついているものはペーパータオルでよくふき取る。

3 冷凍用保存袋に入れて空気を抜く
冷凍用保存袋に入れ、空気を抜いて密封する。
> Point
> ストローで空気を吸い出すとしっかり密封できる。

4 急冷させる
冷凍用保存袋ごと金属トレイにのせて、冷凍する。

基本の冷凍法 2

下味をつけて冷凍

●おすすめ食材
肉類、魚介類、野菜類（きゅうりなど水分が多めで生冷凍が難しいもの）など

下味冷凍のメリット

①**解凍後の調理がラクチン**
味つけ済みだから、あとの調理がラクになる。

②**おいしく冷凍できる**
冷凍によるダメージが少ない。肉や魚はやわらかくジューシー、野菜も食感が変わりにくい。

 肉・魚介類
（例：鶏もも肉）

 野菜類
（例：きゅうり）

1 使いやすく切る
使いやすい大きさに切る。

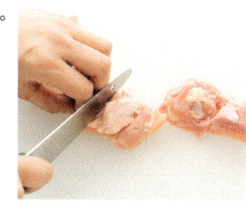

1 使いやすく切る
洗って、使いやすい大きさに切る。

2 調味液に漬ける
冷凍用保存袋に調味液を入れて肉を加える。
▶Point
砂糖や塩など、溶かす必要のあるものは袋に先に入れてよく混ぜておく。

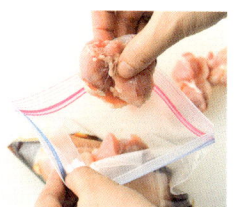

2 調味料をなじませる
冷凍用保存袋にきゅうりと塩を加えて袋ごとふるなどしてなじませる。
▶Point
きゅうりから水分が出て、細胞が破壊されにくくなるため、食感がキープされる。

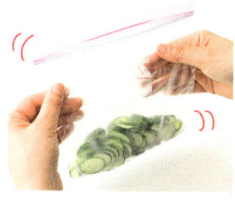

3 空気を抜く
中の空気を抜きながら、冷凍用保存袋を密封する。
▶Point
液体が入っているものはストローは使わず、手で押し出すようにして空気を抜く。

3 空気を抜く
中の空気を抜きながら密封する。

4 急冷させる
冷凍用保存袋ごと金属トレイにのせて、冷凍する。

4 急冷させる
冷凍用保存袋ごと金属トレイにのせて、冷凍する。

1 冷凍保存の基本

基本の冷凍法 1 生のまま冷凍／2 下味をつけて冷凍

基本の冷凍法 3

ゆでて冷凍

● おすすめ食材
肉類、魚介類、ゆでて食べる野菜全般など

> **ゆでて冷凍のメリット**
> ① **食感、色が変わりにくい**
> 冷凍前と解凍後で、食感や色が変わりにくい。
> ② **解凍してすぐに食べられる**
> 加熱済みだから、サラダなどには解凍してそのまま使え、加熱調理するときも時間短縮になる。

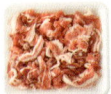 ## 肉・魚介類
（例：豚こま切れ肉）

1 ゆでる
熱湯でさっとゆでる。

2 水けをふく
冷ましてからペーパータオルで水けをふき取る。
> **Point**
> 霜や冷凍やけ防止のために水けはよくふき取っておく。

3 冷凍用保存袋に入れて空気を抜く
冷凍用保存袋に入れ空気を抜きながら、密封する。
> **Point**
> 手で押し出すようにして空気を抜いても、ストローで吸い出してもいい。

4 急冷させる
冷凍用保存袋ごと金属トレイにのせて、冷凍する。

 ## 野菜類
（例：にんじん）

1 切ってゆでる
使いやすい大きさに切って熱湯でさっとゆでる。
> **Point**
> 解凍後、加熱して使う場合は、かためにゆでておく。

2 水けをふく
冷ましてからペーパータオルで水けをふき取る。
> **Point**
> 霜や冷凍やけ防止のために水けはよくふき取っておく。

3 冷凍用保存袋に入れて空気を抜く
冷凍用保存袋に入れ空気を抜きながら、密封する。
> **Point**
> ストローで吸い出すとしっかり密封できる。

4 急冷させる
冷凍用保存袋ごと金属トレイにのせて、冷凍する。

基本の冷凍法 4

調理して冷凍

●おすすめ食材
食材全般

調理冷凍のメリット

① **温めてすぐに食べられる**
調理済みだから、温めたり、解凍すればすぐに食べられる。さらにアレンジ調理することも。

② **お弁当にそのまま入れられる**
カップに入れて凍らせれば、そのままお弁当のおかずに。

料理
（例：ハンバーグ）

① 肉だねを作る
材料を合わせて肉だねを作る。

② 焼く
小判形に成形して、フライパンで焼く。

肉だねを冷凍

1 冷凍用保存袋に入れて空気を抜く
冷凍用保存袋に入れて、中の空気を抜きながら密封する。
> Point
> 薄く広げ、手で押し出すようにして空気を抜く。

2 折り目をつける
使う分量に合わせて、菜箸で折り目をつける。

3 急冷させる
冷凍用保存袋ごと金属トレイにのせて、冷凍する。

完成した料理を冷凍

1 ラップに包む
ハンバーグは冷ましてからラップに1個ずつのせて包む。
> Point
> 空気を抜きながら包む。

2 冷凍用保存袋に入れて急冷させる
冷凍用保存袋に入れて、金属トレイにのせて冷凍する。

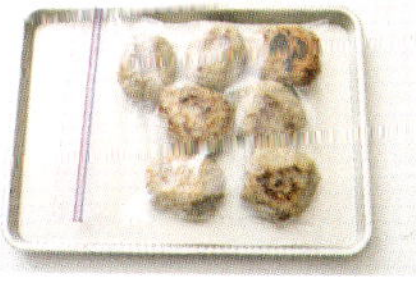

お弁当カップに入れて冷凍しても
料理をカップに入れて冷凍すれば、凍ったままお弁当に入れることもできる。
> Point
> 1つずつラップで包んで冷凍用保存袋や密閉容器に入れる。

冷凍の準備 1

「小分け」にして冷凍

お弁当のおかずや1人分を作りたいときなど、解凍後に少量ずつ使いたいときは、
小分けにして冷凍しておくと便利です。

小分けにしてラップで包む

一度に使いたい量ごとに小分けにしてラップで包み、さらに冷凍用保存袋に入れます。特ににおいをつけたくないものや、折り目のつかないものに。

●こんな食材に 生の肉や魚介、ゆで野菜、調理済みのおかずなど

コツ1 空気を抜きながら包む

ラップで包むときに空気を抜くことを意識する。薄く、平らにすることもポイント。

コツ2 真ん中をくぼませる

解凍に時間がかかる真ん中をくぼませて薄くしておくと、解凍が早くなる。

コツ3 凹凸をなくす

形が均一でないものは互い違いにおいて包むとコンパクトに、省スペースで冷凍できる。

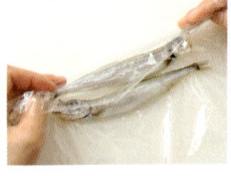

小分けにしてカップに入れる

形が崩れやすいものやお弁当にそのまま入れたいものは、カップに入れて凍らせます。カップごとラップで包んで密閉容器や冷凍用保存袋に入れて。

●こんな食材に いくらなど形が崩れやすいものや調理済みのおかずなど

コツ1 レンジ使用可のカップが便利

シリコンや紙製などの電子レンジ対応のカップで冷凍すれば、そのまま電子レンジにかけられるので便利。

コツ2 密閉容器や保存袋に入れる

空気に触れないように、ラップに包んでから密閉容器や冷凍用保存袋に入れる。

冷凍の準備 ②

「まとめて」袋に入れて冷凍

袋ごと一度に使い切れるときや、折り目をつけたり、折ったりして小分けにして取り出せるものは、冷凍用保存袋にまとめて入れて冷凍します。

保存袋にまとめて入れる

袋ごと一度に全部使い切れるものやパキパキと折って取り出せるもの、汁物はまとめて冷凍用保存袋に入れます。

●こんな食材に　生野菜、果物、果汁、下味をつけた肉や魚、だし汁、粉物、調理済みのおかずなど

コツ1　空気をしっかり抜く

乾燥と酸化、さらにくっつきを防ぐためにしっかり空気を抜くことが大切。固形のものはストローで空気を吸い出すとしっかり空気が抜ける。

コツ2　重ならないように入れる

できるだけ1個1個が重ならないように薄くならして冷凍しておけば、冷凍後、使いたい量を取り出しやすい。

保存袋にまとめて入れて折り目をつける

肉や野菜、粘度のある汁物は、まとめて冷凍用保存袋に入れて、菜箸などで折り目をつけます。冷凍後は折り目で折って必要な分を取り出すことができます。

●こんな食材に　ひき肉やすり身、カレーやトマトソース、ホワイトソースなど

コツ1　平らにのばしながら空気を抜く

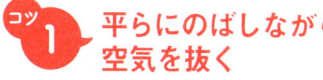

保存袋に入れたら手で平らにのばしながら、同時に空気も抜く。めん棒があれば、それを使ってのばしても。

コツ2　使う分量に区切って折り目をつける

菜箸などで1回に使う分量ごとに折り目をつけておくと、はかる必要もなく、さっと使える。

1 冷凍保存の基本

冷凍の準備　①「小分け」にして冷凍／②「まとめて」袋に入れて冷凍

解凍

冷凍食材の解凍法

食材の種類や使い方によって、解凍法も変わります。
おいしく食べるために、最適な方法を選んで上手に解凍しましょう。

解凍時間が変わります

いますぐに使いたいのか、解凍する時間がゆっくりとれるのかも、解凍法の選択肢になります。
食材によっては、その解凍法が向かないものもあるので、各解凍法を参考にして選びましょう。

ゆっくり　→　早い　　解凍しない

冷蔵庫解凍 → 室温解凍 → 流水解凍 → 電子レンジ解凍&加熱　｜　凍ったまま使う

おいしい！ ＼ 生の肉や魚の解凍に ／

解凍法　冷蔵庫解凍

 ●こんな食材に　生、下味つきの肉、魚介、食品が傷みやすい時季の食材全般

生の肉や魚は低温でゆっくり解凍するとドリップ（食材から出る水け）が出にくくなり、おいしく解凍できます。朝、冷蔵庫に移して夕方に調理するといったように、時間があれば、冷蔵庫で解凍するのがおすすめです。

水けはほとんど出ませんが、もし出ても大丈夫なようにバットに入れたり、ふきんを敷いておくと安心。

＼ 冷蔵庫解凍より早く解凍したい ／

解凍法　流水解凍

 ●こんな食材に　生、下味つきの肉、魚介、食材全般

すぐに使いたいときは、水を張ったボウルに入れて流水を当てながら解凍しましょう。流水の動きで熱が伝わりやすくなり、食材が解凍されやすくなります。

食品に直接水が触れないように、しっかりと口は閉じておくことが大切。

冷凍保存の基本

冷凍食材の解凍法

\ 解凍してそのまま食べるものに /

解凍法：室温解凍

● こんな食材に　加熱した野菜や菓子類など解凍してそのまま常温で食べるもの、調理済みのお弁当のおかずなど

日の当たらない涼しい場所において解凍します。水けが出ても大丈夫なように、バットやふきんなどを敷いておくのがおすすめです。ただし食品が傷みやすい梅雨どきや夏場は冷蔵庫で解凍するほうがよいでしょう。

凍ったままのおかずをお弁当に入れて、そのまま解凍。このとき、ごはんやほかのおかずはよく冷ましておくこと。

\ 手間なし！　加熱料理や凍ったまま使えるもの /

解凍法：凍ったまま使う

● こんな食材に　加熱調理する食材、凍ったまま食べられる果物やトマト、水分の少ない粉物やスパイスなど

煮物や汁物、炒め物などの加熱調理に使う場合、ほとんどの野菜は凍ったまま使えます。肉や魚介も加熱してあるものならOK。水分が少なく、凍っても状態が変わらないスパイスや粉物、果物やトマトなども凍ったまま食べられます。

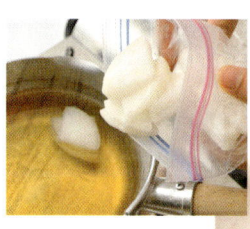

凍ったままの大根をだし汁に加えてみそ汁に。

冷凍トマトをすりおろしてソースやドレッシングに。

\ 早い！　急いで解凍したい！　温めて食べる料理に /

解凍法：電子レンジ解凍&加熱

● こんな食材に　食材全般、解凍や温めてそのまま食べる料理全般

急いで解凍したいときは、電子レンジの解凍モードに。生の肉や魚を解凍するときは、解凍機能を使っても加熱されてしまうことがあるので、半解凍にしましょう。また、肉や魚は半解凍状態のほうが切りやすいというメリットも。調理済みのものを温めて食べるときは、電子レンジの加熱モードで温めます。

こんな方法も

お湯をかけて解凍しても

キャベツや小松菜などの葉ものを生冷凍した場合は、お湯をかけると、素早く解凍できます。そのままおひたしとしても食べられます。

> そろえておきたい！

冷凍保存に便利なグッズ

食品のおいしさをキープしながら冷凍するには、乾燥や酸化をしないように素早く凍らせることが大切です。そのためにそろえておきたいグッズを紹介します。

冷凍用密閉容器
空気を通しにくい材質で密閉力に優れています。また、電子レンジ対応のものなら、取り出してそのまま加熱できるので、便利です。

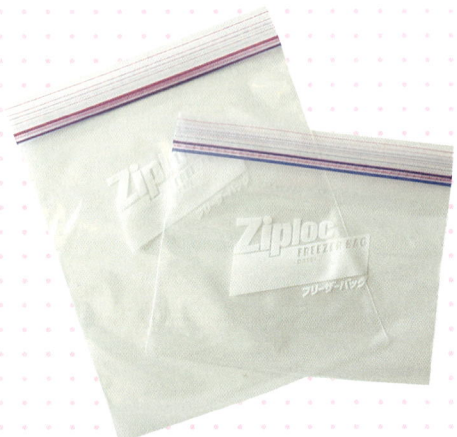

冷凍用保存袋
密封できるので、食材を乾燥や酸化から守り、におい移りなども防げます。平らに薄く冷凍すると立てて保存ができ、かさばりません。冷凍日の記入も忘れずに。

金属製トレイ
熱伝導が早いので、この上に食品をのせて冷凍すると急速冷凍できます。お菓子の缶のふたなどで代用できます。

カップ
おかずなどを詰めて冷凍できるカップ。シリコン製のものなら繰り返し使え、電子レンジにかけられるので便利です。凍ったものをそのままお弁当に詰めることもできます。

ラップ
食品の小分けに使います。小分けにすると解凍時間の短縮にもなります。使いたい分量が取り出せるので調理がスピーディーに。大小2種類そろえておくと便利。

ペーパータオル
余分な水分は生臭さや霜の原因になるので、ふき取ることが大切です。下処理した魚やゆでた野菜の水けはしっかりふき取って。

ストロー
保存袋をぴっちりと密封にするのに役立ちます。閉めた袋の端を少し開け、ストローを差し込んで空気を吸い出します。

2

食材別 冷凍保存法

生のまま、そのままのササッと冷凍から
ひと手間加えた冷凍方法まで、各食材に
最適な冷凍方法を紹介！

　　肉類 ……………… P24
　　魚介類 …………… P38
　　野菜類 …………… P52
　　果物類 …………… P82
　　大豆製品 ………… P90
　　卵・乳製品 ……… P94
　　穀類 ……………… P98
　　その他 …………… P102

牛・豚ひき肉

生のままでは傷みやすいひき肉は、冷凍保存がおすすめです。買ってきたらすぐに冷凍して、早めに使い切りましょう。

生のまま 2週間

酒をふって折り目をつけて冷凍

冷凍用保存袋に入れて酒少々をふり、薄くのばして空気を抜きながら密封する。菜箸などで折り目をつける。

解凍法　冷蔵庫解凍 or 流水解凍

解凍して、ハンバーグや、ロールキャベツなどのひき肉料理に。

保存のコツ 折り目は1回ごとに使いやすい分量に。例えば400g入れて4等分すれば1片は100g。

調理して 2週間

炒めて塩、こしょうをふって冷凍

フライパンで炒め、ポロポロになったら、塩、こしょうをふる。冷ましてから冷凍用保存袋に入れて空気を抜きながら密封する。

解凍法　凍ったまま使う

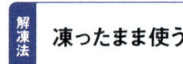

凍ったまま加熱料理に。チャーハンやオムライス、ドライカレーなどに。

調理して 2週間

肉団子にして冷凍

肉団子のたねをよく練り混ぜて、丸める。油をひいたフライパンでふたをして中弱火で7〜8分蒸し焼きにし、冷ましてから冷凍用保存袋に入れて密封する。

材料メモ　肉団子　ひき肉200g、長ねぎ（みじん切り）½本分、卵1個、しょうゆ・酒・片栗粉各大さじ1、砂糖・塩各少々、サラダ油大さじ1

解凍法　電子レンジ加熱

温めて甘酢あんやトマトソースをからめる。カップに入れて凍らせれば、そのままお弁当に。

鶏ひき肉

牛、豚のひき肉に比べてクセのない味で、生のまま、そぼろ、つくねといろいろなアレンジが楽しめます。

生のまま 2週間

酒をふって折り目をつけて冷凍

冷凍用保存袋に入れて酒少々をふり、薄くのばして空気を抜きながら密封する。菜箸などで折り目をつける。

解凍法　冷蔵庫解凍 or 流水解凍

解凍して、肉団子やそぼろ、炒め物などのひき肉料理に。

保存のコツ　折り目は1回ごとに使いやすい分量に。例えば400g入れて4等分すれば1片は100g。

調理して 2週間

そぼろにして冷凍

フライパンでポロポロになるまで炒め、Aの煮汁を加えて汁けがなくなるまで煮る。冷ましてから冷凍用保存袋に入れて空気を抜きながら密封する。

材料メモ　鶏そぼろ　鶏ひき肉200g、A［だし汁50㎖、砂糖・しょうゆ・酒各大さじ1、塩少々］、サラダ油少々

解凍法　電子レンジ加熱

温めて、三色そぼろやおにぎりに。凍ったまま冷ましたごはんにのせてお弁当にしても。

調理して 2週間

つくねにして煮て冷凍

ひき肉とAを練り混ぜ、丸めて団子にしてBの煮汁で10分ほど煮る。冷ましてから汁ごと冷凍用保存袋に入れて空気を抜きながら密封する。

材料メモ　つくね　鶏ひき肉200g、A［水・酒・しょうゆ・砂糖・小麦粉各大さじ1］、B［だし汁200㎖、しょうゆ・みりん各大さじ2］

解凍法　凍ったまま使う or 電子レンジ解凍

凍ったまま鍋物や煮物に。煮る前のつくねをのりで巻いて、フライパンで焼けば、お弁当おかずに。

豚薄切り肉

その名の通り薄い肉なので、冷凍、解凍ともに早く、冷凍しても味落ちが少ない使い勝手のいい肉です。肉巻きやしょうが焼き、しゃぶしゃぶなどに幅広く使えます。

生のまま　2週間

酒をふって、ラップに包んで冷凍

小分けにしてラップにのせ、酒少々をふって、空気を抜きながら包む。冷凍用保存袋にまとめて入れる。

解凍法　冷蔵庫解凍 or 流水解凍

凍ったまま鍋や煮物に。解凍して、肉巻きやミルフィーユとんカツ、炒め物に。

保存のコツ 酒をふると乾燥させずに冷凍できる。3枚ずつ小分けにすると約100g。

下味をつけて　2週間

しょうがじょうゆに漬けて冷凍

Aのしょうがじょうゆの調味料を冷凍用保存袋に入れて混ぜ合わせ、豚肉を入れて空気を抜きながら密封する。

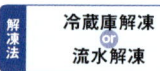

材料メモ　豚しょうが焼き　豚ロース肉200g、A[みりん・しょうゆ・酒各大さじ1、おろししょうが小さじ1、砂糖・片栗粉小さじ½]

解凍法　冷蔵庫解凍 or 流水解凍

解凍して、フライパンで焼く。野菜を加えて炒め物にしても。

保存のコツ 下味をつけると味がしみてよりおいしく冷凍できる。

調理して　2週間

野菜の肉巻きにして冷凍

塩ゆでした野菜に豚肉を巻き、全体に塩、こしょうをふってフライパンで転がしながら焼く。Aのたれをからめ、冷ましてから冷凍用保存袋に入れて密封する。

材料メモ　野菜の肉巻き　豚ロース肉6枚、赤パプリカ¼個、さやいんげん6本、小麦粉・塩・こしょう各少々、サラダ油適量、A[みりん・しょうゆ各小さじ2]

解凍法　電子レンジ加熱

電子レンジで温める。食べやすく切ってからカップに入れて凍らせればそのままお弁当に。

 凍ったままお弁当に

豚こま切れ肉

安価ながらもコクがあり、使い道の広いこま切れ肉。酒をふったり、下味をつけておけば、安い肉でもパサつかずジューシーに使えます。

生のまま 2週間

酒をふって、ラップに包んで冷凍

小分けにしてラップにのせ、酒少々をふって、空気を抜きながら包む。冷凍用保存袋にまとめて入れる。

解凍法 冷蔵庫解凍 or 流水解凍

凍ったまま鍋や煮物、豚汁に入れて。解凍して、炒め物に。

保存のコツ 酒をふると乾燥させずに冷凍できる。ひと握りずつ小分けにすると約100g。

下味をつけて 2週間

しょうゆだれに漬けて冷凍

Aのしょうゆだれの調味料を冷凍用保存袋に入れて混ぜ合わせ、豚肉を入れて空気を抜きながら密封する。

材料メモ 豚肉のしょうゆ漬け 豚こま切れ肉300g、A[酒・しょうゆ・砂糖各大さじ1] 豚肉のつまみ揚げ 豚肉のしょうゆ漬け300g、野菜(さやいんげん、にんじんの細切り)計100g、衣[卵1個、小麦粉1カップ、水½カップ、砂糖小さじ1、塩小さじ¼]、揚げ油適量

解凍法 冷蔵庫解凍 or 流水解凍

解凍して、炒め物に。つまみ揚げ(左記参照)にして、カップに入れて凍らせればそのままお弁当に。

凍ったままお弁当に！

ゆでて 2週間

酒、塩、砂糖を加えて、ゆでて冷凍

酒、塩、砂糖各少々を加えた熱湯でさっとゆでて冷ましてから冷凍用保存袋に入れる。

解凍法 冷蔵庫解凍 or 流水解凍

解凍して、大根おろしやキムチなどとあえる。凍ったまま豚汁やスープなどに加えても。

豚かたまり肉（豚バラ肉／豚スペアリブ／豚もも肉）

ボリュームのあるかたまり肉は、一度に使い切れないことが多いもの。大きいまま冷凍すると解凍にも時間がかかるので、切り分けてから冷凍を。

生のまま　2週間

切り分けて、酒をふって冷凍

豚バラかたまり肉は食べやすく切り分けて冷凍用保存袋にまとめて入れ、酒少々をふって空気を抜きながら密封する。

解凍法：冷蔵庫解凍 or 流水解凍

解凍して、カレーなどの煮込み料理や、酢豚などの具に。

保存のコツ　ひと口大に切り分けて冷凍しておくと幅広く使える。

下味をつけて　2週間

塩をまぶして冷凍

豚ももかたまり肉（ネットつき）は塩小さじ1強をまんべんなくなじませ、冷凍用保存袋に入れて空気を抜きながら密封する。

解凍法：冷蔵庫解凍 or 流水解凍

解凍して、ゆで塩豚に。長ねぎの青い部分、しょうが1片とともに水から弱火で40分ほどゆで、火を止めてそのまま冷めるまでおく。

下味をつけて　2週間

しょうゆだれに漬けて冷凍

Aのしょうゆだれの調味料を冷凍用保存袋に入れて混ぜ合わせ、スペアリブを入れて空気を抜きながら密封する。

材料メモ　スペアリブのしょうゆ漬け　スペアリブ500g、A[おろしにんにく少々、みりん・しょうゆ・酒各大さじ2、砂糖大さじ1、塩・こしょう各少々]

解凍法：冷蔵庫解凍 or 流水解凍

解凍して、フライパンまたはオーブンで焼く。凍ったまま煮込んでもいい。

豚厚切り肉

厚切り肉は、冷凍前に筋切りしておくと肉が縮まず、解凍後もすぐに使えて便利です。生、下味をつける以外にも、とんカツ用にパン粉をつけて冷凍しても。

生のまま　2週間

酒をふって、ラップに包んで冷凍

筋切りをしてから1枚ずつラップにのせ、酒少々をふって、空気を抜きながら包む。冷凍用保存袋にまとめて入れる。

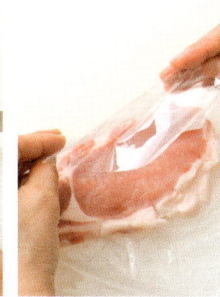

解凍法　冷蔵庫解凍 or 流水解凍

解凍して、フライパンで焼いてソテーに。衣をつけて揚げてとんカツに。

下味をつけて　2週間

みそだれに漬けて冷凍

Aの調味料を冷凍用保存袋に合わせ、筋切りをした豚肉を入れてよくなじませる。空気を抜きながら密封する。

解凍法　冷蔵庫解凍 or 流水解凍

解凍して、みそをぬぐい取り、フライパンかグリルで焼く。みそが焦げやすいので注意する。

材料メモ　豚肉のみそ漬け　豚ロース厚切り肉2枚、A[みそ大さじ2、酒・みりん各大さじ1、砂糖少々]

牛こま切れ肉

牛肉の中でも安価に購入できるこま切れ肉は、まとめ買いして冷凍しておくと炒め物や煮物などいろいろ使えて便利です。

生のまま 2週間

酒をふって、ラップに包んで冷凍

小分けにしてラップにのせ、酒少々をふって、空気を抜きながら包む。冷凍用保存袋にまとめて入れる。

解凍法 冷蔵庫解凍 or 流水解凍

解凍して、牛丼や肉じゃが、野菜と一緒に炒め物などに。

保存のコツ 酒をふると乾燥せずに解凍後もジューシー。ひと握りずつ小分けにすると約100g。

下味をつけて 2週間

しょうゆだれに漬けて冷凍

冷凍用保存袋に牛肉を入れ、Aのしょうゆだれの調味料を加えて混ぜ合わせ、空気を抜きながら密封する。

解凍法 冷蔵庫解凍 or 流水解凍

解凍して、野菜と一緒に炒め物に。

材料メモ 牛肉のしょうゆ漬け 牛こま切れ肉300g、A[みりん・酒・しょうゆ各大さじ1]
※液体だけの合わせ調味料の場合は、調味料は食材のあとから入れてOK。

牛厚切り肉（牛ステーキ肉／牛カルビ肉／シチュー用牛肩肉）

ごちそう感のある牛かたまり肉は、セールの日にまとめ買いしてぜひ冷凍しておきたいおすすめの食材。酒やたれに漬け込んでおくと、やわらかくなります。

生のまま　2週間

酒をふって、ラップに包んで冷凍

牛ステーキ肉は1枚ずつラップにのせ、酒少々をふって、空気を抜きながら包む。冷凍用保存袋にまとめて入れる。

解凍法　冷蔵庫解凍 or 流水解凍

解凍して、フライパンで焼く。

レシピメモ　ステーキにするときはしばらく常温においてから塩、こしょうをふって焼くとかたくならない。

下味をつけて　2週間

焼き肉のたれに漬けて冷凍

Aの焼き肉のたれの調味料を冷凍用保存袋に合わせ、牛カルビ肉を入れてよくなじませる。空気を抜きながら密封する。

材料メモ　カルビ焼き肉　牛カルビ肉 300g、A[みそ・みりん・しょうゆ・酒各大さじ1、砂糖・ごま油各小さじ2、白すりごま大さじ1、おろしにんにく少々]

解凍法　冷蔵庫解凍 or 流水解凍

解凍して、焼く。野菜と一緒に焼いたり、ごはんにのせて、丼物などにしても。

下味をつけて　2週間

赤ワインに漬けて冷凍

シチュー用の牛肩肉などは冷凍用保存袋に入れ、赤ワイン大さじ2を加えて、よくなじませる。空気を抜きながら密封する。

解凍法　冷蔵庫解凍 or 流水解凍

解凍して、シチューなどの煮込み料理に。

保存のコツ　厚い肉は赤ワインに漬けて冷凍すると、やわらかく、風味もよくなる。ローリエを加えても。

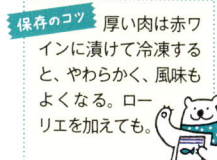

鶏もも肉

鶏もも肉は適度な脂身があり、弾力のある肉質が特徴。から揚げ、ソテー、煮物など幅広く使えるので、ひと口大に切ったり、下味をつけて冷凍しておきます。

生のまま　2週間

切り分けて、酒をふって冷凍

使いやすい大きさに切り分けて冷凍用保存袋に入れて、酒少々をふってよくなじませる。空気を抜きながら密封する。

解凍法　冷蔵庫解凍 or 流水解凍

解凍して、から揚げ、カレー、シチュー、筑前煮などの煮物に。

保存のコツ　煮物や煮込みなどで多く使う場合は、まとめて冷凍、お弁当など少量使いしたい場合は、100gずつなど小分けに冷凍しておくと便利。

下味をつけて　2週間

ハーブオイルに漬けて冷凍

冷凍用保存袋にAのオリーブ油などの調味料と好みのハーブを入れて混ぜる。鶏肉は余計な脂などを取り除いて冷凍用保存袋に入れ、空気を抜きながら密封する。

解凍法　冷蔵庫解凍 or 流水解凍

解凍して、オーブンやグリルで焼く。レンジ加熱したじゃがいもなどを一緒に焼くとつけ合わせに。

材料メモ　鶏もも肉のハーブオイル漬け　鶏もも肉2枚、A[白ワイン・オリーブ油各大さじ1、塩小さじ¼、こしょう少々、にんにく（薄切り）1片分]、好みのハーブ（ローズマリー、タイムなど）ドライなら小さじ1、生なら1〜2枝

鶏むね肉

脂分の少ない鶏むね肉は特にパサつきやすいので、下味をつけて冷凍を。生の場合は酒をふっておくとパサつかずに冷凍できます。皮は好みで取り除いて。

生のまま 2週間

切り分けて、酒をふって冷凍

使いやすい大きさに切り分けて冷凍用保存袋に入れて、酒少々をふってよくなじませる。空気を抜きながら密封する。

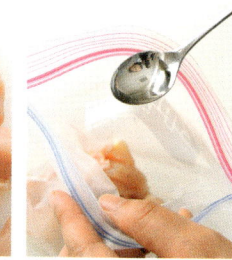

解凍法 冷蔵庫解凍 or 流水解凍

解凍して、炒め物、親子丼、チキンカレーなどに。

保存のコツ ひと口大に切り分けておけば幅広く使える。

下味をつけて 2週間

塩、砂糖で味つけをして冷凍

冷凍用保存袋に塩、砂糖、酒各大さじ½を入れて混ぜ、鶏肉1枚を加えてよくなじませる。空気を抜きながら密封する。

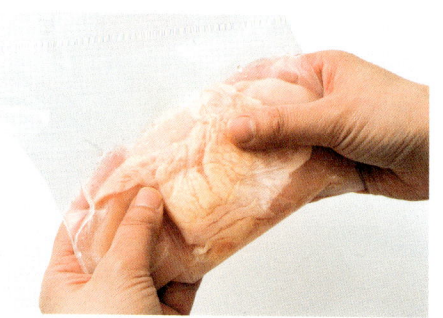

解凍法 冷蔵庫解凍 or 流水解凍

解凍して、かぶるくらいの湯に入れて弱火で15分ほどゆでて、冷めるまでおくと鶏ハムに。鶏ハムが残ったら、切って冷凍してもOK。

---

2 食材別冷凍保存法

肉類

鶏もも肉／鶏むね肉

鶏ささみ

淡白な鶏肉の中でも特に脂肪が少ないさっぱりとした肉です。酒蒸しにして裂いて冷凍しておけば、少量必要なときにもすぐに使えて便利です。

生のまま 2週間

酒をふって、ラップに包んで冷凍

筋を取り除き、1本ずつラップにのせ、酒少々をふって、空気を抜きながら包む。冷凍用保存袋にまとめて入れる。

解凍法：冷蔵庫解凍 or 流水解凍

解凍して、衣をつけて揚げたり、肉巻きや、ゆでて裂いてサラダなどに。

調理して 2週間

レンジで酒蒸しにして裂いて冷凍

耐熱容器にのせて酒、塩を各少々ふり、ふわっとラップをかけて電子レンジで加熱する（鶏ささみ2本に対して約3分）。粗熱がとれたら細かく裂き、冷凍用保存袋に入れて空気を抜きながら密封する。

解凍法：冷蔵庫解凍 or 流水解凍

解凍して、あえ物や冷やし中華、バンバンジーなどに。

保存のコツ 酒蒸しにした鶏ささみは裂かずにそのまま冷凍してもOK。

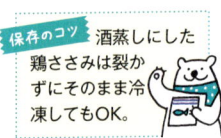

鶏手羽先、手羽元

骨つき肉ならではのうまみがたっぷり！ 特有のにおいが気になる場合は、水洗いしてから冷凍を。グリルやオーブンで焼いたり、スープに入れて。

生のまま　2週間

酒をふって、ラップに包んで冷凍

鶏手羽先は2本ずつ互い違いになるようにラップにのせ、酒少々をふって、空気を抜きながら包む。冷凍用保存袋にまとめて入れる。

解凍法：冷蔵庫解凍 or 流水解凍

解凍して、塩、こしょうや香辛料をふって焼いたり、煮物やスープに。

保存のコツ 手羽先は向きを互い違いにおくとコンパクトに包める。

下味をつけて　2週間

カレー粉とヨーグルトに漬けて冷凍

冷凍用保存袋にAのカレー粉やヨーグルトなどの調味料を入れてよく混ぜ、鶏手羽元を加えてなじませる。空気を抜きながら密封する。

材料メモ タンドリー手羽元　鶏手羽元8本、A[ヨーグルト100g、トマトケチャップ大さじ2、カレー粉小さじ2、おろしにんにく小さじ1、砂糖・塩各小さじ1]

解凍法：冷蔵庫解凍 or 流水解凍

解凍して、オーブンで15分ほど焼く。調味液はぬぐわなくてもOK。

調理して　2週間

塩、こしょうをふって焼いて冷凍

鶏手羽先は、表裏に塩、こしょう各少々をふって、フライパンやオーブン、グリルなどで焼く。冷ましてから小分けにしてラップで包み、冷凍用保存袋にまとめて入れる。

解凍法：電子レンジ解凍

電子レンジで温める。凍ったままスープや煮込み料理に入れても。

2　食材別冷凍保存法　肉類

鶏ささみ／鶏手羽先、手羽元

鶏レバー

生のままでは傷みやすいレバーは、冷凍保存がおすすめ。下処理をしっかりして冷凍を。下味をつけたり、調理して冷凍しておくとさらに臭みが気になりません。

生のまま　2週間

下処理をして切り分けて冷凍

余分な脂肪などを取り除き、食べやすく切り分けて塩水で洗って、塩少々をふって5分ほどおく。水けをふき取り、まとめて冷凍用保存袋に入れて密封する。

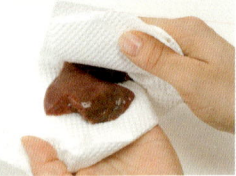

解凍法　冷蔵庫解凍 or 流水解凍

解凍して、レバにら炒めや甘辛煮、レバーペーストなどに。

保存のコツ　水けが残っていると臭みの原因になるので、よくふき取ってから冷凍を。

下味をつけて　2週間

酒としょうゆに漬けて冷凍

余分な脂肪などを取り除き、食べやすく切り、水けをふき取る。冷凍用保存袋にまとめて入れて、鶏レバー200gに対して酒としょうゆ各大さじ1を加えてよくなじませ、空気を抜きながら密封する。

解凍法　冷蔵庫解凍 or 流水解凍

解凍して、炒め物やから揚げ、煮込み料理などに。

レシピメモ　下味が酒としょうゆなので、和風にも洋風にも使える。好みでおろししょうがを加えても。

調理して　3週間

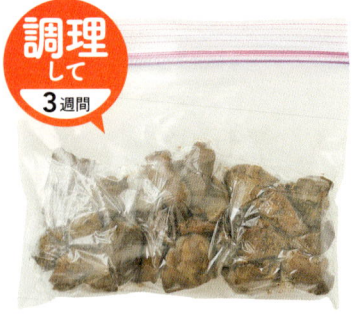

レバーの赤ワイン煮にして冷凍

余分な脂肪などを取り除き、熱湯で4〜5分ゆでる。赤ワインなどのAの調味料、ローリエで、炒り煮にする。冷ましたら小分けにしてラップで包み、冷凍用保存袋にまとめて入れて密封する。

解凍法　室温解凍 or 電子レンジ解凍

急ぐときは電子レンジ解凍しても。

材料メモ　レバーの赤ワイン煮　鶏レバー200g、A[赤ワイン大さじ3、ウスターソース大さじ1、砂糖・しょうゆ各小さじ1]、ローリエ1枚

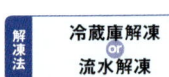

ハム、ベーコン、ソーセージ

比較的日持ちする肉加工品ですが、封を切ったら冷凍保存するのがおすすめ。加熱料理には、凍ったまま使えるので便利です。

生のまま 2週間

細切りにして、ラップに包んで冷凍

ベーコンは細切りにして小分けにしてラップにのせ、空気を抜きながら包む。冷凍用保存袋にまとめて入れる。

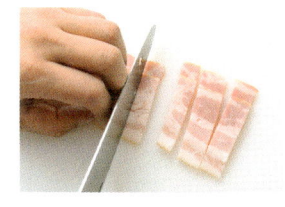

解凍法：凍ったまま使う or 冷蔵庫解凍

凍ったまま炒め物やスープなどに。

保存のコツ 長いまま冷凍してもOK。薄いので凍ったまま切って使うこともできる。

生のまま 3週間

切り目を入れて冷凍

ウインナーは斜めに3本ほど切り目を入れて、冷凍用保存袋に入れて密封する。

解凍法：凍ったまま使う or 冷蔵庫解凍

凍ったまま炒めたり、ゆでたりスープなどに。

保存のコツ あらかじめ切れ目を入れておくと凍ったまま使えて便利。

生のまま 3週間

小分けにしてラップに包んで冷凍

生ハムは小分けにしてラップにのせ、空気を抜きながら包む。冷凍用保存袋にまとめて入れる。スライスハムは真空パックのまま冷凍するのがおすすめ。

解凍法：冷蔵庫解凍 or 流水解凍

解凍して、そのまま食べたり、サンドイッチやサラダに。

冷凍○×　スライスハムの冷凍 パサついたり水っぽくなるので、開封後は冷凍に向かない。

あじ

新鮮なうちに食べきるのがおすすめですが、大量に手に入ったときや食べきれないときは即冷凍を。下処理をきちんとしておけばおいしくいただけます。

生のまま　2週間

下処理をして塩をふって冷凍

内臓、えらを取って、よく洗い、塩少々をふってしばらくおく。ペーパータオルで水けをふいて、1尾ずつラップに包んで冷凍用保存袋に入れる。

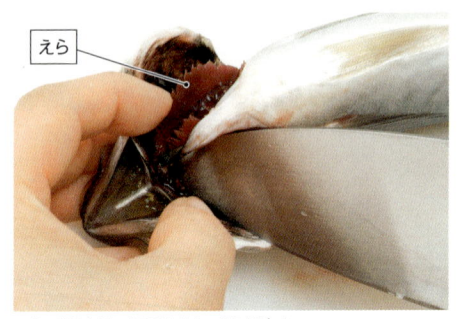

えらは付け根に包丁を入れて取り除く。

解凍法：冷蔵庫解凍 or 流水解凍

解凍して、ソテーや焼き魚、煮つけなどに。

保存のコツ　内臓、えらが残っているとにおいや傷みの原因になるので、しっかり取り除いて洗い流して。

生のまま　2週間

三枚おろしにして塩をふって冷凍

三枚におろして、中骨、腹骨も取り除く。塩少々をふってしばらくおき、ペーパータオルで水けをふいて、1枚ずつラップに包んで冷凍用保存袋に入れる。

三枚おろしは腹→背、裏返して背→腹の順に包丁を入れる。

解凍法：冷蔵庫解凍 or 流水解凍

解凍して、ソテーやマリネに。衣をつけて揚げてあじフライにしても。

保存のコツ　水けが残ったまま冷凍すると生臭くなるので、よくふき取ってから冷凍を。

さんま

さんまの生冷凍は、家庭用冷凍庫では生臭くなりやすいので、内臓などをしっかり取り除いて、塩をふって冷凍を。下味つきで冷凍するのもおすすめです。

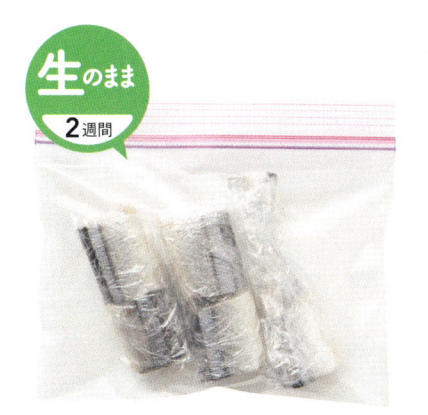

生のまま 2週間

下処理をして塩をふって冷凍

頭と内臓を取って、よく洗い、塩少々をふってしばらくおく。ペーパータオルで水けをふいて、1尾ごとまたは、食べやすく切ってラップに包んで冷凍用保存袋に入れる。

解凍法：冷蔵庫解凍 or 流水解凍

解凍して、焼き魚や煮物、トマトソースなどで煮込んで洋風煮込みに。

保存のコツ：生のまま冷凍すると生臭くなるので、必ずしっかりと塩をふってから冷凍を。

下味をつけて 2週間

しょうゆだれに漬けて冷凍

頭と内臓を取り、筒切りにして塩少々をふってしばらくおく。ペーパータオルで水けをふいて冷凍用保存袋に入れ、Aのしょうゆだれを加えてなじませ、空気を抜きながら密封する。

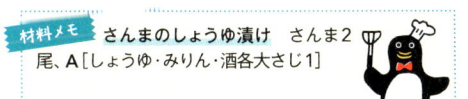

材料メモ：さんまのしょうゆ漬け　さんま2尾、A[しょうゆ・みりん・酒各大さじ1]

解凍法：冷蔵庫解凍 or 流水解凍

解凍して、フライパンで焼いたり、から揚げや南蛮漬けにしても。

---

2 食材別冷凍保存法　魚介類　あじ／さんま

いわし

傷みやすいいわしは、新鮮なうちに下処理をして冷凍しましょう。すり身にすれば、つみれやハンバーグにも使えます。

生のまま　2週間

下処理をして塩をふって冷凍

頭と内臓を取って、よく洗い、塩少々をふってしばらくおく。ペーパータオルで水けをふいて、1尾ずつラップに包んで冷凍用保存袋に入れる。

解凍法：冷蔵庫解凍 or 流水解凍

解凍して、煮物や焼き物、手開きにして蒲焼きに。細かくたたいてハンバーグやつみれにしても。

保存のコツ　生のまま冷凍すると生臭くなるので、必ずしっかりと塩をふってから冷凍を。

調理して　2週間

すり身にして折り目をつけて冷凍

手開きにして包丁でたたいてすり身にする。冷凍用保存袋に入れて酒少々をふり、薄くのばして空気を抜きながら密封する。菜箸などで折り目をつける。

解凍法：冷蔵庫解凍 or 流水解凍

解凍して、おろししょうがやみじん切りの長ねぎなどを加えて団子にして鍋やみそ汁、スープに。

保存のコツ　4～6尾をすり身にして4等分にすると1片80～100gになる。

さけ（切り身）

うまみと塩味のきいた塩さけは、生のまま冷凍しておくと、おかずにもお弁当にも重宝します。生さけは下味をつけて冷凍するのがおすすめです。

生のまま　2週間

酒をふって、ラップに包んで冷凍

ラップにのせ、酒少々をふって、空気を抜きながら包む。冷凍用保存袋にまとめて入れる。

解凍法：冷蔵庫解凍 or 流水解凍

解凍して、グリルやフライパンで焼いて焼きさけやソテー、ムニエルに。

下味をつけて　2週間

塩麹に漬けて冷凍

冷凍用保存袋にAの塩麹などを入れてさけを加えてなじませ、空気を抜きながら密封する。

解凍法：冷蔵庫解凍 or 流水解凍

解凍して、グリルやフライパンで焼く。

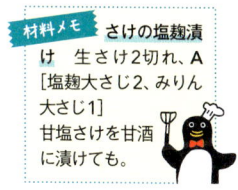

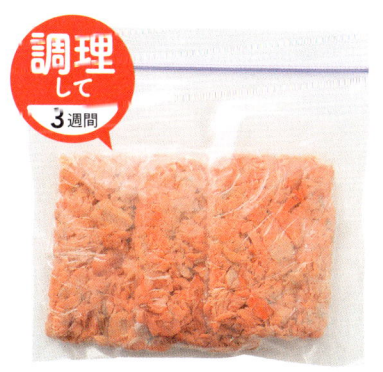

材料メモ　さけの塩麹漬け　生さけ2切れ、A[塩麹大さじ2、みりん大さじ1]
甘塩さけを甘酒に漬けても。

調理して　3週間

焼いてほぐして冷凍

焼いて骨と皮を除いて身をほぐし、小分けにしてラップにのせ、空気を抜きながら包む。冷凍用保存袋にまとめて入れる。

解凍法：電子レンジ解凍 or 室温解凍

解凍して、ごはんにのせたり、おにぎりにして。

2　食材別冷凍保存法

魚介類

いわし／さけ（切り身）

かじき（切り身）

肉質がしっかりとしたかじきは、冷凍向きの食材。小さく切りやすいので、お弁当のおかずに重宝します。フライパンで焼いてソテーに。

生のまま 2週間

酒をふって、ラップに包んで冷凍

ラップにのせ、酒少々をふって、空気を抜きながら包む。冷凍用保存袋に入れる。

解凍法　冷蔵庫解凍 or 流水解凍

下味をつけて 2週間

しょうゆだれに漬けて冷凍

かじき2切れを冷凍用保存袋に入れ、しょうゆ、みりん、酒各大さじ1を加えてなじませ、空気を抜きながら密封する。

解凍法　冷蔵庫解凍 or 流水解凍

たら（切り身）

鮮度が落ちやすいたらは、冷凍保存向き。生冷凍しておけば、ホイル焼きや鍋、グラタンなどに使えます。下味をつけて冷凍して焼き魚にしても。

生のまま 2週間

酒をふって、ラップに包んで冷凍

ラップにのせ、酒少々をふって、空気を抜きながら包む。冷凍用保存袋に入れる。

解凍法　冷蔵庫解凍 or 流水解凍

下味をつけて 2週間

みそだれに漬けて冷凍

たら2切れをラップにのせ、みそ、酒、砂糖各大さじ1を合わせて両面に塗り、空気を抜きながら包む。冷凍用保存袋に入れる。

解凍法　冷蔵庫解凍 or 流水解凍

ぶり（切り身）

「寒ぶり」ともいわれ、冬から早春にかけてが脂がのっています。この時季はぜひ冷凍しておきましょう。生はぶり大根などの煮物、下味つきは照り焼きに。

生のまま　2週間
酒をふって、ラップに包んで冷凍

ラップにのせ、酒少々をふって、空気を抜きながら包む。冷凍用保存袋に入れる。

解凍法：冷蔵庫解凍 or 流水解凍

下味をつけて　2週間
しょうゆだれに漬けて冷凍

ぶり2切れを冷凍用保存袋に入れ、しょうゆ、みりん、酒各大さじ1を加えてなじませ、空気を抜きながら密封する。

解凍法：冷蔵庫解凍 or 流水解凍

さば（切り身）

さばは特に傷みが早いので、鮮度のいいものを早めに冷凍を。生は焼き魚に、みそ煮にして冷凍しておけば、レンジ加熱して、すぐに食べられるので便利です。

生のまま　2週間
酒をふって、ラップに包んで冷凍

ラップにのせ、酒少々をふって、空気を抜きながら包む。冷凍用保存袋に入れる。

解凍法：冷蔵庫解凍 or 流水解凍

調理して　2週間
みそ煮にして冷凍

さば2切れをAで7～8分煮て、みそ大さじ3を溶き入れて、ひと煮してみそ煮にする。冷ましたら冷凍用保存袋に入れて密封する。

材料メモ　A[しょうがの薄切り1片分、水200ml弱、砂糖・酒各大さじ2、しょうゆ小さじ1]

解凍法：電子レンジ解凍

いか

いかは水分が少ないので、解凍してもドリップ（水け）が出にくく、冷凍に向きます。新鮮なうちにわたを取り除いて、用途に合わせて切り分けて冷凍を。

生のまま　2週間

足と胴、えんぺらに分けて冷凍

足を引っ張って胴と離して、わたを取り除く。えんぺらを引っ張って胴の皮をむいて水けをふく。それぞれラップで包んで冷凍用保存袋に入れる。

解凍法 冷蔵庫解凍 or 流水解凍

解凍して、焼き物、炒め物、揚げ物や、ゆでてマリネに。凍ったまま煮物にしても。

保存のコツ 煮物や炒め物に使うなら皮をむかずに冷凍してもOK。

下味をつけて　2週間

しょうゆだれに漬けて冷凍

下処理（上段参照）をして、食べやすく切る。冷凍用保存袋にいかを入れ、Aのしょうゆだれの調味料を加えて混ぜ合わせ、空気を抜きながら密封する。

解凍法 冷蔵庫解凍 or 流水解凍

解凍して、焼き物、炒め物に。凍ったまま煮物にしても。

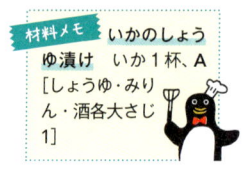

材料メモ いかのしょうゆ漬け　いか1杯、A[しょうゆ・みりん・酒各大さじ1]

えび

鮮度がいいものは生のまま冷凍、見極めが難しい場合は、ゆでてから冷凍するのがおすすめ。ゆですぎるとかたくなるので加熱しすぎないようにしましょう。

生のまま（2週間）

背わたを取って酒をふって冷凍

頭と背わたを取って、小分けにしてラップにのせ、酒少々をふって、空気を抜きながら包む。冷凍用保存袋にまとめて入れる。

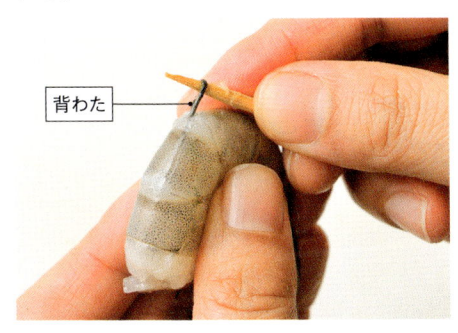

解凍法：冷蔵庫解凍 or 流水解凍

解凍して、えびフライやえびの天ぷらに。

保存のコツ　えびフライや天ぷらに使うときは、家族が食べる分を小分けにしておくといい。

ゆでて（3週間）

ゆでて殻をむいて冷凍

頭と背わたを取って、酒少々を加えた熱湯でゆで、粗熱がとれたら殻をむく。冷凍用保存袋に入れて空気を抜きながら密封する。

解凍法：冷蔵庫解凍 or 流水解凍

解凍して、サラダや冷やし中華などの具に。

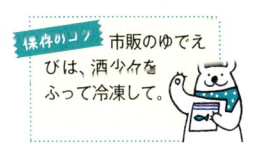

保存のコツ　市販のゆでえびは、酒少々をふって冷凍して。

---

2 食材別冷凍保存法　魚介類　いか／えび

ゆでだこ

水分の少ないたこは、冷凍向きの食材。厚みがあると凍りにくいので、食べやすく切って冷凍するのがおすすめです。

生のまま 3週間

食べやすく切って冷凍

食べやすい大きさに切り、冷凍用保存袋に入れて酒少々をふり、空気を抜きながら密封する。

解凍法：冷蔵庫解凍 or 流水解凍

解凍して、そのまま食べたり、サラダなどに。

あさり、しじみ

あさりもしじみも砂出しをしてそのまま冷凍できます。凍ったまま調理できるので、買ったら冷凍しておくと便利です。

生のまま 2週間

砂出しをして冷凍

砂出しをしてよく洗ってからザルに上げて水けをきる。冷凍用保存袋に入れて、空気を抜きながら密封する。

冷凍○× あさり、しじみの冷凍　ともに冷凍するとうまみがアップする。特にしじみは肝機能を高める働きのあるオルニチンという成分が増えるといわれている。

解凍法：凍ったまま使う

凍ったままフライパンに入れて、酒蒸しに。スープやみそ汁に加えても。

ほたて

貝類は傷みやすいので鮮度のいいうちに冷凍するようにしましょう。殻つきの場合は、貝柱だけを冷凍して。

生のまま 2週間

小分けにしてラップに包んで冷凍

小分けにしてラップにのせ、酒少々をふって空気を抜きながら包む。冷凍用保存袋にまとめて入れる。

保存のコツ においがつきやすいのでラップに包んで冷凍を。用途に合わせて小分けにする個数を変えても。

解凍法 冷蔵庫解凍 or 流水解凍

冷蔵庫か流水で解凍して、そのまま食べたり、カルパッチョなどに。煮込み料理やスープには凍ったまま加えてもOK。

いくら

豪華で飾り映えするいくらは、冷凍しておくと料理の彩りに重宝します。ちらし寿司のトッピングやあえ物に使って。

生のまま 2週間

アルミカップに入れて冷凍

アルミカップに小分けにしてラップで包む。冷凍用保存袋にまとめて入れる。

保存のコツ アルミカップなどに入れるとつぶれにくい。

解凍法 冷蔵庫解凍

解凍して、ちらし寿司やパスタ、サラダの飾りや丼物、あえ物などに。

たらこ、明太子

たらこは再冷凍しても味が落ちにくいので、冷凍向きの食材です。食べやすく切り分けたり、焼きたらこにして冷凍しておくと便利に使えます。

生のまま 2週間

切り分けて、ラップに包んで冷凍

使いやすい大きさに切り分けてから、1本ずつなど小分けにしてラップにのせ、空気を抜きながら包む。冷凍用保存袋にまとめて入れる。

解凍法：冷蔵庫解凍 or 流水解凍

解凍して、ごはんにのせたり、おにぎりやパスタに。凍ったまま焼いても。

調理して 3週間

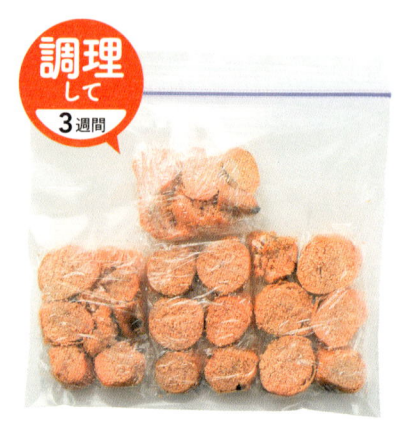

焼きたらこにして冷凍

フライパンやトースターなどで焼いて、冷ましたら使いやすい大きさに切り分ける。小分けにしてラップにのせ、空気を抜きながら包んで、冷凍用保存袋にまとめて入れる。

解凍法：電子レンジ解凍 or 室温解凍

解凍して、ごはんにのせたり、おにぎりの具に。

あじの干物

干物は酸化しやすいので、ラップで1枚ずつぴったりと包んで冷凍を。アルミホイルで包んで冷凍しても。また、焼いてほぐした身を冷凍してもOK。

生のまま　3週間

ラップに包んで冷凍

1枚ずつラップにのせ、空気を抜きながら包む。冷凍用保存袋にまとめて入れる。

保存のコツ　冷凍用保存袋には尾と頭を互い違いに入れると、重ならずにきれいに詰められる。重ならないと冷凍も早くできる。

解凍法　凍ったまま使う

凍ったままグリルで焼く。

ししゃも（丸干し）

骨ごと食べられるししゃもは、栄養価の高い食材。和洋どちらの味つけにも合うので、冷凍保存しておくと、幅広く使えます。

生のまま　3週間

小分けにしてラップに包んで冷凍

2～3尾ごとに小分けにしてラップにのせ、酒少々をふって空気を抜きながら包む。冷凍用保存袋にまとめて入れる。

解凍法　凍ったまま使う

凍ったままフライパンやグリルで焼く。

保存のコツ　ラップに包むときは、尾と頭を互い違いに入れると、重ならずに隙間なくきれいに包める。

---

2 食材別冷凍保存法　魚介類

たらこ、明太子／あじの干物／ししゃも（丸干し）

しらす干し、ちりめんじゃこ

冷蔵庫では乾燥しやすいので冷凍保存がおすすめ。しらすはラップで包んでから冷凍するとにおいがつきにくくなります。

生のまま 3週間

小分けにしてラップに包んで冷凍

しらす干しは小分けにしてラップにのせ、空気を抜きながら包む。冷凍用保存袋にまとめて入れる。

解凍法：冷蔵庫解凍 or 流水解凍

生のまま 3週間

冷凍用保存袋に入れて冷凍

ちりめんじゃこは冷凍用保存袋に入れて、空気を抜きながら密封する。

解凍法：凍ったまま使う

まぐろの刺身

さくのままラップに包んで冷凍を。漬けにして冷凍しても。

生のまま 2週間

ラップに包んで冷凍

さくのままラップにのせ、空気を抜きながら包む。冷凍用保存袋に入れる。半解凍にすると切りやすくなる。

解凍法：冷蔵庫解凍 or 流水解凍

うなぎの蒲焼き

ごはんに混ぜたり、炒め物やひつまぶしにも。

生のまま 3週間

切り分けてラップに包んで冷凍

小さく切り分けてから小分けにしてラップにのせ、空気を抜きながら包む。冷凍用保存袋にまとめて入れる。

解凍法：電子レンジ解凍

2 食材別冷凍保存法 魚介類

かまぼこ
あまったら冷凍保存して、うどんなどに入れて。

生のまま 2週間

薄切りにして冷凍
板からはずし、使いやすい厚さに切ってから冷凍用保存袋にまとめて入れる。

レシピメモ：少しスが入ってしまったら、加熱して使うといい。

解凍法：冷蔵庫解凍 or 流水解凍

ちくわ
冷凍しておけば、お弁当の隙間埋めおかずに。

生のまま 3週間

冷凍用保存袋に入れて冷凍
そのまま冷凍用保存袋に入れて、空気を抜きながら密封する。

解凍法：冷蔵庫解凍 or 流水解凍

さつま揚げ
油抜きをして冷凍すれば、油臭くならない。

生のまま 3週間

油抜きをして切って冷凍
熱湯をかけて油抜きをし、使いやすい大きさに切って冷凍用保存袋に入れる。加熱料理には凍ったまま使っても。

解凍法：冷蔵庫解凍 or 流水解凍

はんぺん
冷凍しておけば、ちょっとしたおつまみに。

生のまま 3週間

パッケージのまま冷凍
パッケージのまま冷凍する。開封したら、ラップに包んで冷凍用保存袋に入れる。

解凍法：冷蔵庫解凍 or 流水解凍

しらす干し、ちりめんじゃこ／まぐろの刺身／うなぎの蒲焼き／かまぼこ／ちくわ／さつま揚げ／はんぺん

ほうれん草

しなびやすいほうれん草は、すぐに使わないときは、冷凍保存を。ゆでて小分けにしておけば、おひたしなどのもう1品に重宝します。

ゆでて　3週間

ゆでてラップに包んで冷凍

ゆでて水けをきる。よく絞って切り分けてから小分けにしてラップにのせ、空気を抜きながら包む。冷凍用保存袋にまとめて入れる。

解凍法：凍ったまま使う or 室温解凍

凍ったまま炒め物やスープ、みそ汁に。室温解凍しておひたしに。急ぐときは流水解凍でも。

冷凍○×　ほうれん草の生冷凍　アクが強いので、生のままの冷凍は不向き。

小松菜

アクの少ない小松菜は、生のまま冷凍できます。炒め物やスープ、煮浸しなど、凍ったまま使えて便利です。

生のまま　2週間

切って冷凍用保存袋に入れて冷凍

食べやすく切って、冷凍用保存袋に入れて空気を抜きながら密封する。

解凍法：凍ったまま使う or 室温解凍

凍ったままスープやみそ汁に。解凍して、水けを絞っておひたしに。お湯をかけて解凍しても。

冷凍○×　小松菜の生冷凍　生で冷凍するとシャキッとした食感がなくなり、しんなりするので、解凍するだけでおひたしが作れる。

チンゲン菜

冷凍することでしんなりするので、加熱する手間が省けます。炒め物にすると、独特のしゃっきり感はなくなります。

生のまま 2週間

切って冷凍用保存袋に入れて冷凍

食べやすく切って、葉と茎を分けて冷凍用保存袋に入れて空気を抜きながら密封する。

保存のコツ 凍らせると葉が粉々になりやすいので、茎と葉を別々に保存すると使いやすい。粉々になった葉はスープに。

解凍法：凍ったまま使う or 室温解凍

凍ったままスープや煮浸しなどに。解凍して、水けを絞ってあえ物に。急ぐときはお湯をかけて解凍しても。

春菊

アクの強い春菊は、ゆでてから冷凍を。

ゆでて 3週間

ゆでてラップに包んで冷凍

ゆでて水けをきって、よく絞って切り分ける。小分けにしてラップにのせ、空気を抜きながら包む。冷凍用保存袋にまとめて入れる。

解凍法：凍ったまま使う or 室温解凍

白菜

冷凍すると水分が抜けてより白菜の味を濃く感じます。

生のまま 2週間

切って冷凍用保存袋に入れて冷凍

食べやすく切って、冷凍用保存袋に入れて空気を抜きながら密封する。

解凍法：凍ったまま使う or 室温解凍

---

2 食材別冷凍保存法

野菜類

ほうれん草／小松菜／チンゲン菜／春菊／白菜

キャベツ

生のまま冷凍すると水分が抜けてしんなりすると同時に甘みもアップします。あえ物やコールスロー、蒸し煮などがおすすめです。

生のまま　2週間

切って冷凍用保存袋に入れて冷凍

食べやすく切って、冷凍用保存袋に入れて空気を抜きながら密封する。

解凍法 凍ったまま使う or 室温解凍

凍ったままスープや蒸し料理に。解凍してあえ物に。時間がないときはお湯をかけて解凍しても。

ゆでて　3週間

ゆでてラップに包んで冷凍

ざく切りにしてゆでて水けをきる。粗熱がとれたら水けをふき取り、小分けにしてラップにのせ、空気を抜きながら包む。冷凍用保存袋にまとめて入れる。

解凍法 凍ったまま使う or 室温解凍

凍ったままスープや煮込み料理に。解凍してあえ物に。

保存のコツ 冷凍後に加熱調理することを考えて、やわらかくなりすぎないように、加熱時間を短めにかためにゆでる。

にんじん

にんじんはしなびてしまう前に冷凍を。生で冷凍するときは薄めに切って、ゆでて冷凍するときは食感が残るように大きめに切りましょう。

生のまま　2週間

切って冷凍用保存袋に入れて冷凍

薄く切って、冷凍用保存袋に入れて空気を抜きながら密封する。いちょう切りや短冊切りがおすすめ。

冷凍○×　小さく切って生冷凍　薄めに切って、解凍後は生のものよりもしっかり加熱を。大きく切るとぼそぼそとした食感になってしまい、青臭さが出ることもある。

解凍法：凍ったまま使う

凍ったままスープや炒め物に。冷凍するとクセが出るので、サラダなどにはゆでてから使う。

ゆでて　3週間

ゆでてラップに包んで冷凍

乱切りにしてゆでる。粗熱がとれたらペーパータオルなどで水けをふき取り、冷凍用保存袋に入れて空気を抜きながら密封する。厚めの輪切りにしても。

解凍法：凍ったまま使う or 室温解凍

凍ったまま煮物や煮込み料理に。室温で解凍して温野菜サラダにも。

調理して　3週間

きんぴらにしてラップに包んで冷凍

じゃこを弱火で炒め、短冊切りのにんじんを炒める。しんなりしたら、Aの調味料を回し入れて炒める。冷ましたら小分けにしてラップに包んで冷凍用保存袋に入れる。

材料メモ　にんじんとじゃこのきんぴら　にんじん1本、ちりめんじゃこ10g、ごま油大さじ1、A[酒・しょうゆ・みりん・水各大さじ1]

解凍法：電子レンジ加熱 or 室温解凍

電子レンジで温める。カップに入れて凍らせれば、そのままお弁当に。

凍ったままお弁当に

---

2 食材別冷凍保存法

野菜類

キャベツ／にんじん

玉ねぎ

玉ねぎは冷凍しておくと、熱の通りや調味料のしみ込みが早くなり、調理時間のスピードアップになります。

生のまま　2週間

切って冷凍用保存袋に入れて冷凍

薄切りにして、冷凍用保存袋に入れる。空気を抜きながら密封する。

解凍法　凍ったまま使う

凍ったまま炒め物や煮込み料理に。あめ色玉ねぎが短時間で作れる。

冷凍○× 玉ねぎの冷凍
冷凍によって細胞が崩れているので、通常30分以上かかるあめ色玉ねぎが、冷凍玉ねぎなら15分ほどで作れる。

調理して　3週間

炒めて冷凍用保存袋に入れて冷凍

薄切りにしてフライパンでしんなりするまで炒め、冷ましたら冷凍用保存袋に入れて空気を抜きながら密封する。みじん切りもおすすめ。

解凍法　凍ったまま使う

薄切りは凍ったままカレーやハヤシライス、スープに。みじん切りなら、ハンバーグに。

じゃがいも

食感が悪くなるので、冷凍に向かないと思われていますが、生でも薄く切れば冷凍もOK。ゆでてつぶしてマッシュポテトにしても。

生のまま 3週間

切って冷凍用保存袋に入れて冷凍

輪切りにして、水にさらしてアクを抜く。ペーパータオルなどで水けをふき取り、冷凍用保存袋に入れて空気を抜きながら密封する。

解凍法 凍ったまま使う

凍ったまま炒め物にしたり、ゆでてサラダに。

冷凍○× じゃがいもの生冷凍 輪切りなど薄めに切れば食感の悪さが気になりにくいので冷凍OK。

ゆでて 3週間

つぶしてラップに包んで冷凍

ゆでるか電子レンジで加熱し、熱いうちに皮をむいて粗くつぶす。粗熱があるうちに小分けにしてラップに包み、冷ましたら冷凍用保存袋に入れる。

解凍法 電子レンジ解凍 or 室温解凍

解凍して、ポテトサラダやグラタンに。

保存のコツ 冷めるとかたくなってパサついたり、包みにくくなるので、温かいうちにラップに包んで。

かぼちゃ

食感も味もさほど変わらないので、冷凍保存がおすすめです。丸ごと1個買ってきても、さまざまに保存できるので、経済的です。

生のまま 2週間

切って冷凍用保存袋に入れて冷凍

わたと種を除いて薄切りにして、冷凍用保存袋に入れて空気を抜きながら密封する。

解凍法：凍ったまま使う

凍ったまま炒め物にしたり、スープに。ゆでてサラダやグラタンにしても。

ゆでて 3週間

つぶしてラップに包んで冷凍

わたと種を除いてゆでるか電子レンジで加熱し、熱いうちに粗くつぶす。温かいうちに小分けにしてラップに包んで冷ましたら、冷凍用保存袋に入れる。ポタージュスープやプリンに使うときは、皮を除いてつぶすとよい。

解凍法：電子レンジ解凍 or 室温解凍

解凍して、サラダ（下記参照）やスープ、プリンに。サラダをカップに入れて凍らせればそのままお弁当に。

凍ったままお弁当に

材料メモ　かぼちゃのサラダ　かぼちゃ¼個分、レーズン20g、A[マヨネーズ大さじ2、ヨーグルトまたは牛乳大さじ2、砂糖小さじ1、塩・こしょう各少々]

さつまいも

アク抜きすれば、生で冷凍もOK。繊維が多いので、薄めに切って冷凍します。加熱してつぶしておけば、おかずにもお菓子にも使えます。

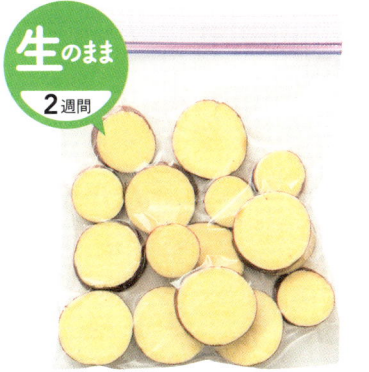

生のまま 2週間

切って冷凍用保存袋に入れて冷凍

輪切りにして、水にさらしてアクを抜く。ペーパータオルなどで水けをふき取り、冷凍用保存袋に入れて空気を抜きながら密封する。

解凍法：凍ったまま使う

凍ったまま炒め物や煮物、みそ汁に加えて。ゆでてサラダにしても。

ゆでて 3週間

つぶしてラップに包んで冷凍

ゆでるか電子レンジで加熱し、熱いうちに皮をむいて粗くつぶす。温かいうちに小分けにしてラップに包んで冷ましたら、冷凍用保存袋に入れる。

解凍法：電子レンジ解凍

解凍して、サラダやスープ、プリンなどに。

保存のコツ：冷めるとかたくなってパサついたり、包みにくくなるので、温かいうちにラップに包んで。

調理して 3週間

甘煮にしてラップに包んで冷凍

いちょう切りにし、油抜きをして短冊切りにした油揚げとAとともに鍋に入れて10分ほど煮る。冷ましたら小分けにしてラップに包んで冷凍用保存袋に入れる。

材料メモ　さつまいもの甘煮　さつまいも150g、油揚げ1枚、A[だし汁200㎖、砂糖・みりん各大さじ1、しょうゆ小さじ2、塩ひとつまみ]

解凍法：電子レンジ解凍 or 室温解凍

電子レンジで温める。カップに入れて凍らせればそのままお弁当に。

凍ったままお弁当に

里いも

下処理が面倒な里いもは、下ごしらえをすませて冷凍しておくと便利です。レンジで加熱すれば、手がかゆくなることもなく、ラクに皮がむけます。

生のまま 2週間

切って冷凍用保存袋に入れて冷凍

皮をむいて輪切りにしたら、すぐに冷凍用保存袋に入れて空気を抜きながら密封する。

解凍法：凍ったまま使う

凍ったまま煮物にしたり、汁物に加えて。

保存のコツ 冷凍するときは、すぐに袋に入れれば水にさらさなくてもOK。

ゆでて 3週間

ゆでるかレンジ加熱して冷凍

皮をむいてゆでるか、電子レンジで加熱して温かいうちに皮をむく。冷ましたら冷凍用保存袋に入れて空気を抜きながら密封する。

解凍法：凍ったまま使う or 電子レンジ解凍

凍ったまま煮物に。電子レンジで解凍してつぶして、コロッケなどにしても。

保存のコツ レンジ加熱してから皮をむけば手がかゆくなることもなく、面倒な皮むきもラクチン。下ごしらえに時間のかかる里いもの煮物も手軽に。

山いも

粘りがあって下処理が面倒な山いもは、薄切りや細切りにしたり、すりおろした状態で冷凍しておくと便利に使えます。

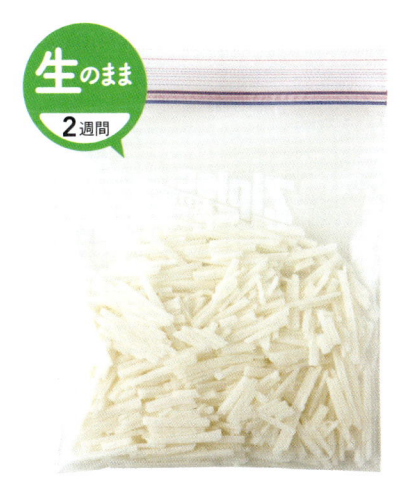

生のまま 2週間

切って冷凍用保存袋に入れて冷凍

使いやすく切って、すぐに冷凍用保存袋に入れて空気を抜きながら密封する。せん切りや短冊切りがおすすめ。

解凍法：凍ったまま使う or 室温解凍

凍ったままみそ汁や漬物にしたり、解凍してあえ物などに。急ぐときは流水解凍しても。

保存のコツ　冷凍するときは、すぐに袋に入れれば水にさらさなくてもOK。

生のまま 2週間

すりおろして冷凍用保存袋に入れて冷凍

すりおろし、ラップに小分けに包んで冷凍用保存袋に入れる。

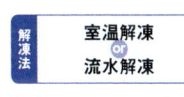

解凍法：室温解凍 or 流水解凍

解凍して、とろろいもに。お好み焼きや揚げ物の衣に混ぜても。

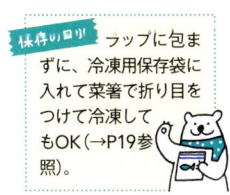

保存のコツ　ラップに包まずに、冷凍用保存袋に入れて菜箸で折り目をつけて冷凍してもOK（→P19参照）。

2 食材別冷凍保存法　野菜類　里いも／山いも

ごぼう

アクを抜けば、生のまま冷凍できます。繊維質なので、生冷凍のときは大きく切らずに、ささがきや細切りなどにして。きんぴらにして冷凍しても。

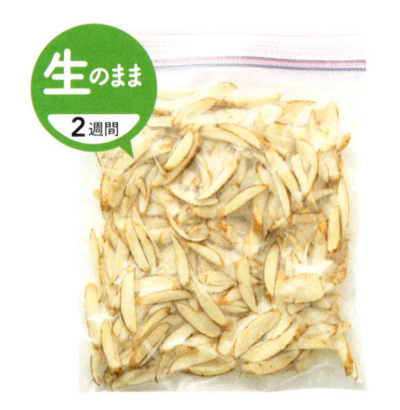

生のまま　2週間

切って冷凍用保存袋に入れて冷凍

斜め薄切りのささがき風に切って、水にしばらく浸けてから水けをふき取る。冷凍用保存袋に入れて空気を抜きながら密封する。

解凍法　凍ったまま使う

凍ったまままきんぴらや豚汁、炊き込みごはんに。ゆでてサラダなどにも。

保存のコツ　縦に1本切り目を入れてから斜め切りにするだけで、簡単にささがき風に。

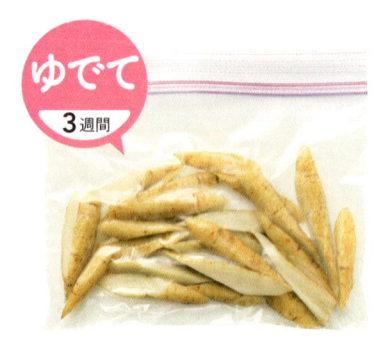

ゆでて　3週間

ゆでて冷凍用保存袋に入れて冷凍

乱切りにしてゆでる。冷ましたらペーパータオルなどで水けをふき取り、冷凍用保存袋に入れて空気を抜きながら密封する。

解凍法　凍ったまま使う or 室温解凍

凍ったまま煮物やポトフなどのスープに加えて。解凍して、ごまあえなどにも。

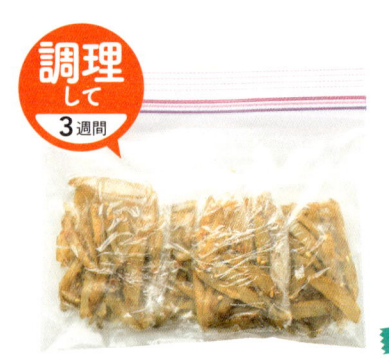

調理して　3週間

きんぴらにしてラップに包んで冷凍

ごぼうはさっと炒めてAを加えてふたをし、2〜3分蒸し煮にする。しょうゆを加えてしばらく煮、ふたをとって水けをとばし、白ごまをふる。冷ましたらラップに小分けにして包み、冷凍用保存袋に入れる。

解凍法　電子レンジ解凍 or 室温解凍

電子レンジで温める。カップに入れて凍らせればそのままお弁当に。

材料メモ　ごぼうのきんぴら　ごぼう(斜め薄切り)100g、A[水50㎖、かつお節・酒・みりん各大さじ1]、しょうゆ大さじ1、白いりごま適量、ごま油小さじ2

凍ったままお弁当に

れんこん

冷凍するとモチッとした食感が楽しめます。生冷凍のときは薄めに切って、ゆでるときは大きく切って加熱時間は短めに。

生のまま 2週間

切って冷凍用保存袋に入れて冷凍

半月切りにして、水にしばらく浸けてからペーパータオルなどで水けをふき取る。冷凍用保存袋に入れて空気を抜きながら密封する。

解凍法　凍ったまま使う

凍ったまま きんぴらや煮物、スープなどに。ゆでて甘酢漬けにしても。

冷凍○×　薄めに切って生冷凍　解凍後はさっと短時間で炒めるとシャキッとした食感が残る。厚く切って冷凍すると食感がかわりやすい。

ゆでて 3週間

ゆでて冷凍用保存袋に入れて冷凍

乱切りにしてゆでる。冷ましたらペーパータオルなどで水けをふき取り、冷凍用保存袋に入れて空気を抜きながら密封する。

解凍法　凍ったまま使う

凍ったまま煮物やポトフなどのスープに加えて。

かぶ

繊維質のかぶも、塩もみして冷凍すれば生冷凍OK。ゆでれば、大きめでも冷凍でき、葉も冷凍しておくと炒め物や菜飯などに使えます。

下味をつけて 2週間

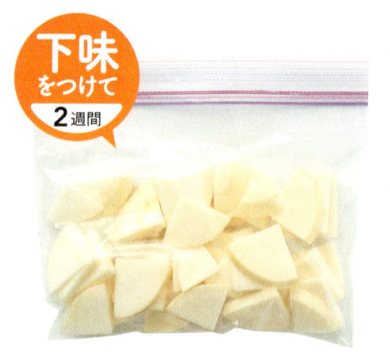

切って塩もみして冷凍

いちょう切りにして、冷凍用保存袋に入れて塩少々をふって袋ごともんでなじませる。空気を抜きながら密封する。

解凍法：凍ったまま使う or 室温解凍

凍ったままスープや炒め物に。解凍してサラダや漬け物にも。

冷凍○× かぶの生冷凍
塩もみすれば、生冷凍OK。水分を抜けば食感を損ないにくい。

ゆでて 3週間

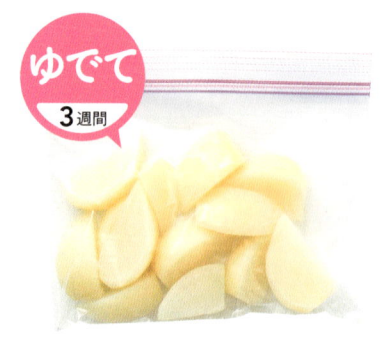

ゆでて冷凍用保存袋に入れて冷凍

4つ割りに切ってゆでる。冷めたらペーパータオルなどで水けをふき取り、冷凍用保存袋に入れて空気を抜きながら密封する。

解凍法：凍ったまま使う

凍ったまま煮物やポトフなどのスープに加えて。

ゆでて 3週間

葉はゆでて刻んで冷凍

かぶの葉はさっとゆでて、冷めたら細かく刻む。小分けにしてラップにのせ、空気を抜きながら包んで冷凍用保存袋に入れる。

解凍法：凍ったまま使う

凍ったままみそ汁に加えたり、ごはんに混ぜて菜飯に。煮物の飾りにも。

保存のコツ 葉は生のまま刻んで冷凍してもOK。室温解凍すると漬け物感覚で食べられる。

大根

水分が多いので、大きいまま冷凍すると筋っぽくスカスカになります。薄めに切ったり、塩と砂糖をふって少し水分を抜けば、生のまま冷凍できます。

生のまま　2週間

切って冷凍用保存袋に入れて冷凍

いちょう切りにして、冷凍用保存袋に入れて空気を抜きながら密封する。葉はゆでて刻み、かぶの葉（P64）のように冷凍を。

解凍法　凍ったまま使う

凍ったままみそ汁やスープに、炒め煮や煮物などにも。

下味をつけて　2週間

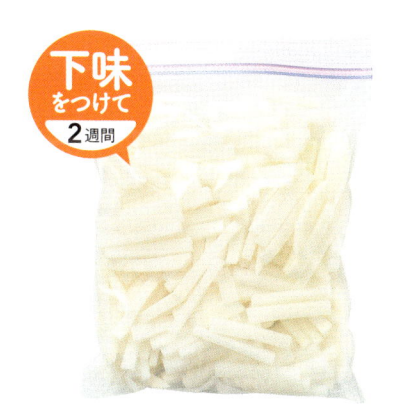

切って塩、砂糖をふって冷凍

細切りにして、冷凍用保存袋に入れて、塩、砂糖各少々をふって袋ごともんでなじませる。空気を抜きながら密封する。

解凍法　凍ったまま使う or 室温解凍

凍ったまま煮物に、解凍してサラダやあえ物にも。

冷凍○×　大根の生冷凍
塩、砂糖をふっておくと、筋っぽくならない。冷凍すると切り干し大根のような風味に。

生のまま　3週間

大根おろしにして冷凍

すりおろして、水けをきる。小分けにしてラップにのせ、空気を抜きながら包んで冷凍用保存袋に入れる。

解凍法　室温解凍 or 流水解凍

解凍して、焼き魚に添えたり、おろし煮に。

トマト、プチトマト

トマトは生のまま丸ごと冷凍OK。丸ごとすりおろすほか、水につければ、つるりと簡単に皮がむけます。崩れやすいので、加熱調理やソースなどに使って。

生のまま　2週間

ヘタを取ってラップに包んで冷凍

トマトはヘタを取って、1個ずつラップに包む。まとめて冷凍するときは、冷凍用保存袋に入れてもいい。

解凍法：凍ったまま使う or 室温解凍

凍ったままふきんで押さえながらすりおろして、ドレッシングやソース、トマトシャーベットに。解凍して煮込み料理に。

生のまま　2週間

ヘタを取って冷凍用保存袋に入れて冷凍

プチトマトはヘタを取って、冷凍用保存袋に入れて、空気を抜きながら密封する。

解凍法：凍ったまま使う

凍ったままスープやソースに加えて加熱調理する。

冷凍○×　冷凍トマトの生食　形が崩れてしまうので、サラダなどには不向き。ソースなどに使って。

生のまま　2週間

ざく切りにして折り目をつけて冷凍

トマトはざく切りにして、冷凍用保存袋に入れて薄くのばして空気を抜きながら密封する。菜箸などで折り目をつけても。

解凍法：凍ったまま使う or 室温解凍

凍ったままスープやソースに加えて加熱調理する。解凍してドレッシングやフレッシュソースにも。

なす

水分の多いなすは、アクの苦みも気になるので、生冷凍は不向きです。レンジ加熱したり、揚げ焼きにして水分を抜いてから冷凍するのがおすすめです。

ゆでて 3週間

レンジ加熱して冷凍

丸ごと電子レンジで加熱して、冷ましたら食べやすく切って、ラップにのせて空気を抜きながら包む。冷凍用保存袋にまとめて入れる。レンジ加熱したあとに皮をむいて冷凍しても。

解凍法 室温解凍 or 流水解凍

解凍して、あえ物にしたり、薬味やだしをかけて蒸しなすに。

冷凍○✕ なすの生冷凍
生のまま冷凍すると、苦みが出てしまうので、生冷凍はおすすめしない。

調理して 3週間

切って揚げ焼きにして冷凍

輪切りにしてすぐにサラダ油を熱したフライパンで揚げ焼きにする。冷ましたら冷凍用保存袋に入れて空気を抜きながら密封する。

解凍法 凍ったまま使う or 室温解凍

凍ったままラタトゥイユや煮物に。解凍してパスタやマリネ、サラダなどにも。

---

2 食材別冷凍保存法 / 野菜類 / トマト、プチトマト／なす

ピーマン、パプリカ

ピーマンは冷凍しておけば、凍ったまま調理でき、加熱時間も短くてすみます。
パプリカは特売の日にまとめ買いして冷凍しておくと経済的です。

生のまま　2週間

切って冷凍用保存袋に入れて冷凍

ピーマンはヘタとわたを取り、使いやすい大きさに切って冷凍用保存袋に入れて、空気を抜きながら密封する。縦4等分や乱切りがおすすめ。

解凍法：凍ったまま使う

凍ったまま炒め物に。焼いてだしに浸し、焼き浸しにしても。

冷凍○×　冷凍ピーマンの加熱　すぐにしんなりするので、色鮮やかなままで炒められる。

生のまま　3週間

パプリカを細切りにして冷凍

パプリカはヘタとわたを取り、使いやすい大きさに切って、水けをふく。冷凍用保存袋に入れて、空気を抜きながら密封する。細切りや乱切りがおすすめ。

解凍法：電子レンジ解凍 or 室温解凍

解凍して、サラダや炒め物に。

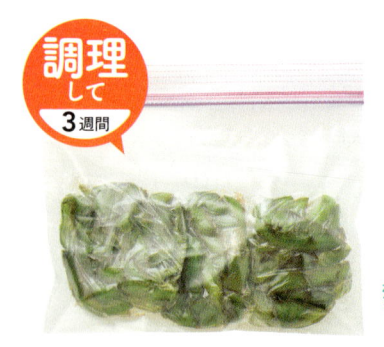

調理して　3週間

甘辛炒めにして冷凍

縦4等分に切って斜め切りにしたピーマンは、さっと炒めて、Aを回し入れ、からめるように炒める。冷ましたらラップに小分けにして包み、冷凍用保存袋に入れる。

材料メモ　ピーマンの甘辛炒め　ピーマン4個、A[みりん・しょうゆ各大さじ1]、サラダ油小さじ2

解凍法：電子レンジ加熱 or 室温解凍

電子レンジで加熱する。カップに入れて凍らせればそのままお弁当に。

凍ったままお弁当に

ブロッコリー

お弁当や料理のつけ合わせにちょこっと使いたいブロッコリーは、小分けにして冷凍しておくと便利です。生冷凍は向かないので、かためにゆでて冷凍を。

ゆでて　3週間

小房に分けて塩ゆでして冷凍

小房に分け、さっと塩ゆでする。冷ましたら水けをふき取って冷凍用保存袋に入れ、空気を抜きながら密封する。茎の部分も厚めに皮をむいて短冊切りにし、塩ゆでにして冷凍しても。

冷凍○×　ブロッコリーの生冷凍　青臭く、解凍するとボロボロになってしまうので、生のまま冷凍は向かない。

解凍法：電子レンジ解凍 or 室温解凍

解凍して白すりごま、砂糖、しょうゆであえてごまあえに。ごまあえをカップに入れて凍らせればそのままお弁当に。

カリフラワー

割高なカリフラワーは、安いときに買っておいて冷凍を。さっとゆでて冷凍しておけば、サラダやスープ、お弁当のおかずにも重宝します。

ゆでて　3週間

小房に分けて塩ゆでして冷凍

小房に分け、さっと塩ゆでする。冷ましたら水けをふき取って冷凍用保存袋に入れ、空気を抜きながら密封する。茎の部分もブロッコリー（上段参照）のように冷凍しても。

解凍法：凍ったまま使う

凍ったままスープや蒸し煮、煮込み料理に。解凍してサラダや炒め物にも。

2　食材別冷凍保存法

野菜類

ピーマン、パプリカ／ブロッコリー／カリフラワー

きゅうり

水分の多いきゅうりは、生のままの冷凍は不向き。塩もみして水分を抜けば、冷凍できます。解凍したら、水けを絞って、あえ物やサラダ、お弁当おかずにも。

切って塩もみして冷凍

下味をつけて 3週間

小口切りにして、冷凍用保存袋に入れ、塩少々をふって袋ごともんでなじませ、空気を抜きながら密封する。

解凍法：室温解凍 or 流水解凍

解凍して水けを絞り、あえ物やサラダに。

冷凍○×　きゅうりの生冷凍　水分の多いきゅうりは食感が変わってしまうので、生のまま冷凍するのは向かない。

切って合わせ酢に漬けて冷凍

下味をつけて 3週間

小口切りにして、冷凍用保存袋に入れ、Aの合わせ酢を加えて袋ごともんでなじませ、空気を抜きながら密封する。

解凍法：室温解凍 or 流水解凍

解凍してちりめんじゃこやわかめを加えてあえる。あえ物にしてカップに入れて凍らせればそのままお弁当に。

凍ったままお弁当に

材料メモ　きゅうりの甘酢漬け　きゅうり（小口切り）2本、A[酢大さじ2、砂糖大さじ1、塩小さじ½]

ゴーヤー

薄切りにすれば、生で冷凍できます。苦みを抑えたいときは、塩もみしたり、さっとゆでて冷凍を。

生のまま 2週間

切って冷凍用保存袋に入れて冷凍

縦半分に切って、種とわたを取って薄切りにする。冷凍用保存袋に入れて、空気を抜きながら密封する。

解凍法：凍ったまま使う

凍ったまま炒め物に。お湯をかけてもどして、あえ物やサラダに。

グリーンアスパラガス

下ごしらえをすませておけば、凍ったまま炒め物やスープに。1本を生のまま冷凍すると筋っぽくなるので、さっとゆでるか薄切りにして冷凍を。

生のまま 2週間

切って冷凍用保存袋に入れて冷凍

斜め薄切りにして冷凍用保存袋に入れて、空気を抜きながら密封する。

解凍法：凍ったまま使う

ゆでて 3週間

ゆでてラップに包んで冷凍

根元のかたい部分を処理してゆでる。冷めたら水けをふき取ってラップに包み、冷凍用保存袋に入れて密封する。

解凍法：室温解凍 or 流水解凍

2 食材別冷凍保存法 — 野菜類 — きゅうり／ゴーヤー／グリーンアスパラガス

セロリ

ラタトゥイユなどの煮込み料理やスープには凍ったまま使えます。サラダや炒め物には、解凍してから使って。葉は炒め物やチャーハンに。

生のまま　2週間

切って冷凍用保存袋に入れて冷凍

筋を取り除いて斜め薄切りにする。冷凍用保存袋に入れて、空気を抜きながら密封する。

解凍法：凍ったまま使う or 室温解凍

ゆでて　3週間

葉を刻んで塩ゆでして冷凍

セロリの葉はさっとゆでて、冷ましたら水けを絞って刻む。ラップに小分けに包んで冷凍用保存袋に入れる。

解凍法：凍ったまま使う or 室温解凍

オクラ

オクラはかためにゆでて冷凍します。産毛は冷凍中に味が落ちる原因になるので、塩でこすって取り除きます。サラダやスープ、冷や奴やそばにのせて。

ゆでて　3週間

ゆでて冷凍用保存袋に入れて冷凍

塩をまぶして産毛を取り、ゆでる。水けをふき取って冷凍用保存袋に入れて、密封する。

解凍法：室温解凍 or 流水解凍

ゆでて　3週間

ゆでて小口切りにして冷凍

熱湯でゆでて、冷ましたら小口切りにする。冷凍用保存袋に入れて、空気を抜きながら密封する。

解凍法：室温解凍 or 流水解凍

枝豆

冷凍しても味も風味も落ちにくいので、冷凍向きの食材です。

ゆでて 3週間

ゆでて冷凍用保存袋に入れて冷凍

塩をまぶしてゆでる。水けをふき取って冷凍用保存袋に入れて、空気を抜きながら密封する。さやから出して冷凍しても。

解凍法：凍ったまま使う or 室温解凍

グリーンピース

旬の春にさやつきのものが手に入ったら、ぜひ冷凍を。

ゆでて 3週間

さやから出してゆでて冷凍

さやから出して、塩ゆでし、流水で冷まして色止めする。水けをふき取って冷凍用保存袋に入れて密封する。

解凍法：凍ったまま使う or 室温解凍

さやいんげん

凍ったまま煮物やスープに。解凍してあえ物やサラダに。

ゆでて 3週間

ゆでて食べやすく切って冷凍

筋を取り、塩ゆでして冷ます。食べやすい大きさに切って水けをふき取って冷凍用保存袋に入れて密封する。

解凍法：凍ったまま使う or 室温解凍

さやえんどう

冷凍しておいて料理に彩りを添えたいときやサラダに重宝。

ゆでて 3週間

筋を取ってゆでて冷凍

筋を取り、塩ゆでして冷ます。水けをふき取って冷凍用保存袋に入れて密封する。

解凍法：凍ったまま使う or 室温解凍

---

2 食材別冷凍保存法

野菜類

セロリ／オクラ／枝豆／グリーンピース／さやいんげん／さやえんどう

きのこ類（しいたけ／しめじ／えのきだけ／なめこ）

水分の少ないきのこは、冷凍向きの食材。冷凍することでうまみがグンと増えるので、冷蔵庫で保存するよりも断然冷凍がおすすめです。

生のまま 2週間

石づきを取って、切って冷凍

しいたけは石づきを取り、薄切りにして冷凍用保存袋に入れて、空気を抜きながら密封する。

解凍法：凍ったまま使う

凍ったまま煮物や炒め物、炊き込みごはんに。

冷凍○× きのこの冷凍
干ししいたけのように、冷凍することでうまみがアップする。

生のまま 2週間

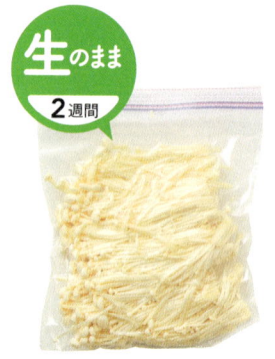

根元を切り落として冷凍

えのきだけは根元を切り落として、冷凍用保存袋に入れて、空気を抜きながら密封する。しめじやまいたけも同様に。

解凍法：凍ったまま使う

生のまま 3週間

パッケージのまま冷凍する

なめこはパッケージのまま冷凍する。残った場合も、パッケージのままラップなどに包んで冷凍を。

解凍法：凍ったまま使う

調理して 3週間

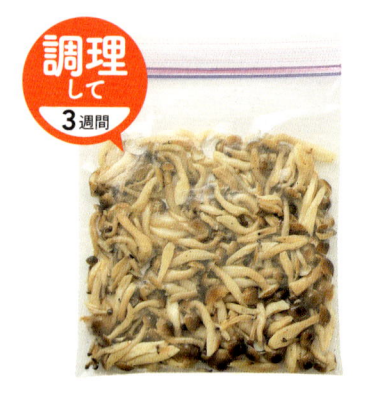

しめじを炒めて冷凍

しめじは石づきを切り落とし、ほぐして、さっと炒める。Aの調味料を加え、汁けがなくなるまで炒り煮にする。冷ましたら冷凍用保存袋に入れて密封する。梅肉は好みで加えて。

材料メモ　しめじの炒め物　しめじ1パック、A［酒・みりん各大さじ1、梅肉小さじ1（好みで）、しょうゆ小さじ½］、サラダ油小さじ1

解凍法：電子レンジ加熱 or 室温解凍

レンジで温めてパスタやサラダに。カップに入れて凍らせればそのままお弁当に。

凍ったままお弁当に

たけのこ（水煮）

薄く切って、砂糖をまぶして冷凍するのがポイントです。しょうゆなどで甘辛く煮て冷凍しても。旬の時季に生のものが手に入ったら、ゆでて冷凍を。

下味をつけて 3週間

切って砂糖をまぶして冷凍

食べやすく薄切りにして、冷凍用保存袋に入れて砂糖をまぶす。空気を抜きながら密封する。

解凍法：凍ったまま使う

凍ったまま煮物やスープ、炊き込みごはんに。サラダ、あえ物などにはさっとゆで直して使う。

冷凍○× そのまま冷凍
スが入ったような筋っぽい食感になる。薄く切って、砂糖をまぶせば水分が抜けてスが入りにくくなる。

もやし

足の早いもやしは冷凍保存がおすすめです。

生のまま 2週間

水けをふいて、冷凍用保存袋に入れて冷凍

洗って水けをふいて冷凍用保存袋に入れて空気を抜きながら密封する。

解凍法：凍ったまま使う

にら

冷凍しても食感、味ともに落ちないので冷凍向きの食材。

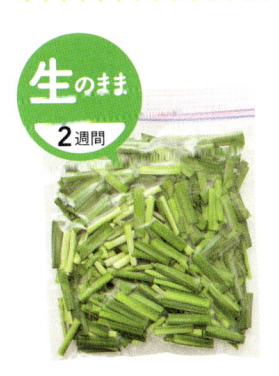

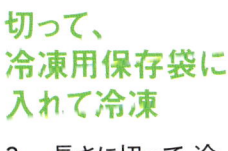

生のまま 2週間

切って、冷凍用保存袋に入れて冷凍

3cm長さに切って、冷凍用保存袋に入れて空気を抜きながら密封する。

解凍法：凍ったまま使う

---

2 食材別冷凍保存法　野菜類　きのこ類／たけのこ（水煮）／もやし／にら

万能ねぎ

薬味やトッピングとしてよく使う万能ねぎ。一度に少量しか使わないので、冷凍しておくと便利です。

生のまま 2週間

切って、冷凍用保存袋に入れて冷凍

10cm長さに切って、冷凍用保存袋に入れて空気を抜きながら密封する。

保存のコツ 10cm長さに切って保存すれば、長いまま煮物や炒め物に、小口に切れば薬味にと、いろいろな長さで使えるので便利。このくらいの長さで冷凍すれば、解凍したときもべちゃっとしにくい。

解凍法 凍ったまま使う

凍ったまま煮物や炒め物に。キッチンばさみで小口切りにして薬味に。

長ねぎ

小口切りで冷凍しておけば、みそ汁や汁物に役立ちます。

生のまま 2週間

切って、冷凍用保存袋に入れて冷凍

1cm厚さに切って、冷凍用保存袋に入れて空気を抜きながら密封する。

冷凍○× 薄切りを冷凍
× 筋が残って口当たりが悪くなるので厚めに切って。

解凍法 凍ったまま使う

みょうが

冷や奴やそうめん、かつおのたたきなどの薬味に使えます。

生のまま 2週間

切って、冷凍用保存袋に入れて冷凍

小口切りにし、冷凍用保存袋に入れて空気を抜きながら密封する。

解凍法 凍ったまま使う

香味野菜（みつば／パセリ／バジル／青じそ）

料理のアクセントになる香味野菜は、冷凍しておくのがおすすめ。凍ったまま切ったり、折ってスープに加えたり、刻んでパスタやドレッシングに。

生のまま 2週間

切って、冷凍用保存袋に入れて冷凍

みつばは10cm長さに切って、冷凍用保存袋に入れて空気を抜きながら密封する。

解凍法：凍ったまま使う
凍ったまま手で折ったり、キッチンばさみで切って、スープや煮物に使って。

生のまま 2週間

摘んで冷凍用保存袋に入れて冷凍

パセリは葉を摘んで、冷凍用保存袋に入れて空気を抜きながら密封する。

解凍法：凍ったまま使う
凍ったまま手でもむようにして、トッピングに。スープやパスタにも。

生のまま 2週間

使いやすく分けて冷凍

バジルは使いやすく分けて、冷凍用保存袋に入れて密封する。

解凍法：凍ったまま使う

冷凍○×　冷凍を生食
× 冷凍すると苦みが出るので生食はおすすめしない。

生のまま 2週間

ラップで小分けに包んで冷凍

青じそはラップで小分けに包み、冷凍用保存袋に入れる。

解凍法：凍ったまま使う

---

2 食材別冷凍保存法　野菜類

万能ねぎ／長ねぎ／みょうが／香味野菜

にんにく

料理の香りづけに欠かせないにんにくは常備しておきたいもの。冷凍しても香りは変わらないので、1片ずつ冷凍しておくのがおすすめです。

生のまま　2週間

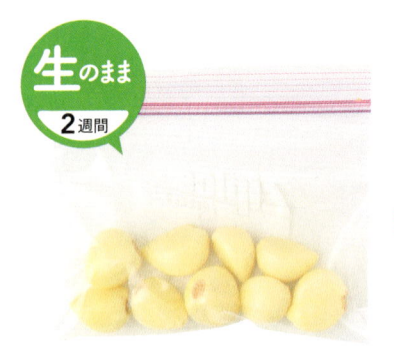

皮をむいて丸ごと冷凍

皮をむいてから、薄皮をむいて1片を取り出し、冷凍用保存袋に入れて密封する。

保存のコツ　切って冷凍すると冷凍庫ににおいがついてしまうので、1片ずつそのまま冷凍するのがおすすめ。

解凍法　室温解凍

少し解凍すればすぐに切れるので、薄切りやみじん切りにして使う。

しょうが

風味づけに使いたいしょうがは、すりおろしたり、みじん切りにしたり、せん切りにしたり、用途に合わせて使えるように冷凍しておくと便利です。

生のまま　2週間

みじん切りやすりおろしてラップに包んで冷凍

皮をむいてすりおろしたり、せん切りやみじん切りにする。ラップに1回分ずつのせて、空気を抜いて包み、冷凍用保存袋に入れる。

解凍法　凍ったまま使う or 室温解凍

凍ったまま炒めたり、煮汁に加える。薬味に使うときは解凍して。

保存のコツ　いろいろな状態で冷凍しておくと用途によって使い分けられるので便利。

ひじき（乾燥）

もともと保存性の高い乾燥ひじきですが、もどしておくことで、調理時間の短縮になります。ひじき煮にして冷凍すれば、もう1品のおかずやお弁当に役立ちます。

ゆでて 3週間

もどしてさっとゆでて冷凍

洗ってごみなどを除き、水に浸けてもどす。さっとゆでてザルに上げ、冷めたら水けを絞って、ラップで小分けに包み、冷凍用保存袋に入れる。

解凍法：凍ったまま使う or 室温解凍

凍ったまま煮物や炒め物に。解凍してサラダに使っても。

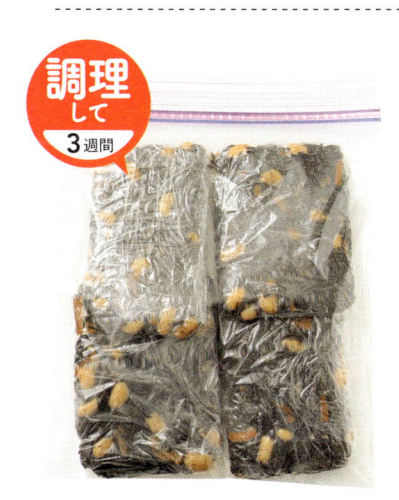

調理して 3週間

ひじき煮にして冷凍

もどしたひじきと、短冊切りにしたにんじんをともに炒め、Aの調味料、水煮大豆を加え、煮汁がほぼなくなるまで煮る。冷ましたらラップで小分けに包み、冷凍用保存袋に入れる。まとめて入れく折り目をつけて冷凍してもいい（→P19参照）。

材料メモ　ひじき煮　芽ひじき20g、大豆（水煮）100g、にんじん50g、A［だし汁200㎖、しょうゆ大さじ3、砂糖大さじ2、酒大さじ1］、サラダ油大さじ1

解凍法：電子レンジ加熱 or 室温解凍

電子レンジで加熱する。カップに入れて凍らせればそのままお弁当に。

凍ったままお弁当に

---

2 食材別冷凍保存法

野菜類

にんにく／しょうが／ひじき（乾燥）

切り干し大根

色が変わりやすいので、賞味期限が近づいたら冷凍保存がおすすめです。そのまま冷凍できますが、ひと手間かけて冷凍すれば、調理がラクになります。

ゆでて 3週間

もどしてさっとゆでて冷凍

さっともみ洗いし、水に浸けてもどす。さっとゆでてザルに上げ、冷ましたら水けを絞り、ラップで小分けに包み、冷凍用保存袋に入れる。

解凍法：凍ったまま使う or 室温解凍

凍ったまま煮物や炒め物に。解凍して、あえ物やサラダにも。

調理して 3週間

切り干しナムルにして冷凍

ボウルにAの調味料を混ぜ合わせ、もどしてさっとゆでた切り干し大根をあえる。冷ましたらラップで小分けに包み、冷凍用保存袋に入れる。まとめて入れて折り目をつけて冷凍してもいい（→P19参照）。

材料メモ 切り干しナムル　切り干し大根40g、A［砂糖・しょうゆ・酢・ごま油各大さじ1、豆板醤少々］

解凍法：電子レンジ解凍 or 室温解凍

電子レンジで解凍する。カップに入れて凍らせればそのままお弁当に。

凍ったままお弁当に

冷凍コラム①

野菜を混ぜて冷凍！

自家製冷凍野菜ミックス

複数の野菜を混ぜて冷凍しておけば、さらに料理のスピードアップ！ 火が通りやすいように厚さや大きさはそろえて。

生のまま 2週間

\ 野菜炒めやグラタンに /

洋風ミックス

| 解凍法 | 凍ったまま使う |

- **材料** パプリカ、アスパラガス、マッシュルームなど。
- **切り方** 5cmくらいに切る。マッシュルームは薄切りに。

生のまま 2週間

\ きんぴらや炊き込みごはんに /

根菜ミックス

| 解凍法 | 凍ったまま使う |

- **材料** ごぼう、にんじん、れんこんなど。
- **切り方** 5mm厚さくらいの薄切りに。

生のまま 2週間

\ 焼きそばや炒め物に /

炒め物ミックス

| 解凍法 | 凍ったまま使う |

- **材料** キャベツ、もやし、にんじん、にらなど。
- **切り方** 3〜4cmくらいの長さに切る。にんじんは薄切りに。

生のまま 2週間

\ パスタやクリーム煮に /

きのこミックス

| 解凍法 | 凍ったまま使う |

- **材料** しいたけ、エリンギ、しめじなど。
- **切り方** 5mm厚さくらいの薄切りに。

生のまま 2週間

\ ラーメンやスープに /

残り野菜ミックス

| 解凍法 | 凍ったまま使う |

- **材料** 玉ねぎ、にんじん、ピーマンなど。
- **切り方** 3〜4cmくらいの長さに切る。にんじんは薄切りに。

いちご

ヘタがついていると使いにくいので、取ってから冷凍しましょう。刻んで砂糖を加えてジャムのようにして保存しても便利。ヨーグルトやアイスにかけて。

生のまま 3週間

ヘタを取って冷凍

洗って水けをふき取り、ヘタを取って、冷凍用保存袋に入れて空気を抜きながら密封する。半解凍で食べるのがおすすめ。

解凍法：室温解凍

調理して 3週間

刻んで砂糖を加えて冷凍

細かく刻んで冷凍用保存袋に入れ、いちご100gに対して砂糖大さじ1～2を加えてよくなじませ、密封する。

解凍法：室温解凍 or 流水解凍

りんご

水分が多いりんごは、食感も色も変わりやすいので、生冷凍は向きません。加熱してから冷凍すると褐色にならずにきれいなまま保存できます。

調理して 3週間

すりおろして加熱して冷凍

りんご1個は皮をむいてすりおろして砂糖ひとつまみを加える。電子レンジで1分加熱し、冷凍用保存袋に入れる。

解凍法：室温解凍 or 流水解凍

調理して 3週間

甘煮にして冷凍

くし形に切り、Aをふり、ラップをふわっとかけて電子レンジで3分加熱する。冷ましたら、冷凍用保存袋に入れて密封する。

材料メモ　りんご1個、A［砂糖大さじ2、レモン汁少々］

解凍法：凍ったまま使う or 室温解凍

レモン

輪切りにして冷凍しておけば、紅茶や揚げ物の添え物など、ちょこっと必要なときに助かります。丸ごと冷凍してもOKです。

生のまま　3週間

丸ごと冷凍用保存袋に入れて冷凍

洗って水けをふき取り、ラップに包んで冷凍する。多いときは、冷凍用保存袋に入れて、密封する。

保存のコツ　レモンの皮を使う場合は、防カビ剤やワックスを使っていない国産品を選んで使って。

解凍法　凍ったまま使う

凍ったまま皮をすりおろし、果肉部分は果汁を絞る。お菓子やパスタ、ドレッシングなどに。

生のまま　3週間

果汁を冷凍用保存袋に入れて冷凍

果汁を絞って、冷凍用保存袋に入れて空気を抜きながら密封する。

解凍法　凍ったまま使う or 室温解凍

凍ったままパキパキと折って、適量を取り出し、ソーダやお酒に加えて。解凍してから、たれやドレッシングなどに加えても。

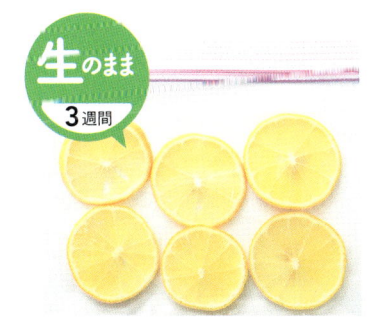

生のまま　3週間

輪切りにして冷凍

輪切りにして、冷凍用保存袋に入れて空気を抜きながら密封する。はちみつや砂糖を加えてもいい。

解凍法　凍ったまま使う

凍ったまま取り出して、紅茶やソーダに添えて。マリネや添え物にしても。

2　食材別冷凍保存法　果物類

いちご／りんご／レモン

ゆず

上品な香りで料理を引き立てるゆずは、丸ごと冷凍できます。皮と果汁を分けて冷凍してもOK。たくさん手に入ったときなどにぜひ冷凍しておきましょう。

生のまま 3週間

丸ごと冷凍用保存袋に入れて冷凍

洗って水けをふき取り、ラップに包んで冷凍する。多いときは、冷凍用保存袋に入れて、密封する。

解凍法：凍ったまま使う

凍ったまま皮をすりおろし、果肉部分は果汁を絞る。ドレッシングや料理の風味づけに。

生のまま 3週間

皮をせん切りにして冷凍

洗って皮をそぎ取り、せん切りにする。冷凍用保存袋に入れて空気を抜きながら密封する。

解凍法：凍ったまま使う

凍ったまま鍋物や汁物、うどん、マリネなどに加えて。料理のトッピングに使っても。

生のまま 3週間

果汁を冷凍用保存袋に入れて冷凍

果汁を絞って、冷凍用保存袋に入れて空気を抜きながら密封する。

解凍法：凍ったまま使う or 室温解凍

凍ったままパキパキと折って、適量を取り出し、ソーダやお酒に加えて。解凍してから、たれやドレッシングなどに加えても。

バナナ

すぐに黒くなってしまうので、冷凍がおすすめです。

生のまま 3週間

皮をむいて輪切りにして冷凍

皮をむいて輪切りにし、ラップに包んで冷凍用保存袋に入れる。黒くなるので、半解凍か、解凍後にすぐに食べること。

解凍法：室温解凍

パイナップル

半解凍にしてジュースやデザート、サラダに。

生のまま 3週間

ひと口大に切って冷凍

ひと口大に切って、冷凍用保存袋に入れて空気を抜きながら密封する。

解凍法：室温解凍

キウイフルーツ

半解凍にして食べたり、ヨーグルトやドレッシングに。

生のまま 3週間

食べやすく切って冷凍

皮をむいて輪切りか半月切りにして、冷凍用保存袋に入れて、空気を抜きながら密封する。

解凍法：室温解凍

ぶどう

半解凍にして食べたり、凍ったままお弁当に入れても。

生のまま 3週間

房から1粒ずつはずして冷凍

房からひと粒ずつはずして、冷凍用保存袋に入れて、空気を抜きながら密封する。

解凍法：室温解凍

---

2 食材別冷凍保存法

果物類

ゆず／バナナ／パイナップル／キウイフルーツ／ぶどう

みかん

丸ごと冷凍すれば、自家製冷凍みかんに。

生のまま 3週間

丸ごとラップに包んで冷凍

みかんは丸ごとラップに包んでそのまま冷凍する。多いときは冷凍用保存袋に入れる。半解凍にして食べるのがおすすめ。

解凍法：室温解凍

オレンジ

柑橘類は冷凍しておくとデザートや料理の風味づけに◎。

生のまま 3週間

1房ずつ分けて切って冷凍

1房ずつ薄皮をむいてから、食べやすく切って冷凍用保存袋に入れて空気を抜きながら密封する。

解凍法：室温解凍

グレープフルーツ

半解凍してそのまま食べたり、ヨーグルトをかけて。

生のまま 3週間

1房ずつ分けて切って冷凍

ひと房ずつ薄皮をむいてから、食べやすく切って冷凍用保存袋に入れて空気を抜きながら密封する。

解凍法：室温解凍

メロン、すいか

1個買って食べきれないときは、ひと口大に切って冷凍を。

生のまま 3週間

ひと口大に切って冷凍

ひと口大に切って、冷凍用保存袋に入れて空気を抜きながら密封する。半解凍にして食べるのがおすすめ。

解凍法：室温解凍

ブルーベリー、ラズベリー

冷凍しておけば、お菓子作りやデザートに大活躍！ ソースにして保存しておけば、ヨーグルトやアイスクリームにかけて使えます。

生のまま　3週間

冷凍用保存袋に入れて冷凍

そのまま冷凍用保存袋に入れて、空気を抜きながら密封する。

解凍法　室温解凍

調理して　1カ月

ソースにして冷凍

鍋にベリー、Aを混ぜ、15分ほどおく。汁が出てきたら中弱火でアクを取りながら5～6分煮る。冷ましたら冷凍用保存袋に入れて密封する。

材料メモ　ベリー100g、A[砂糖大さじ2～3、レモン汁小さじ1]

解凍法　室温解凍

アボカド

アボカドは、空気にふれると褐色になるので、空気にふれないようにさっと冷凍用保存袋に入れるか、レモン汁をふりかけてから冷凍しましょう。

生のまま　2週間

薄切りにしてラップに包んで冷凍

薄切りにして、ラップに小分けにして、空気を抜きながら包む。冷凍用保存袋に入れる。

冷凍○×　冷凍アボカドの生食　食感が悪くなり、形も崩れるので、サラダなどにそのまま入れるのはおすすめしない。

解凍法　室温解凍

解凍してつぶしてからマヨネーズを混ぜてディップに。玉ねぎのみじん切りなどを加えても。

---

2 食材別冷凍保存法

果物類

みかん／オレンジ／グレープフルーツ／メロン、すいか／ブルーベリー、ラズベリー／アボカド

Dessert Column 1

冷凍フルーツで すぐデキ! デザート

凍らせたフルーツがあれば、おしゃれなデザートがササッと作れます。

冷凍いちごで — カステラにのせるだけ!

ひと口ショートケーキ

◉ 材料(1人分)
- 冷凍いちご(→P82) ………… 1個
- カステラ(市販) ………… 1切れ
- ホイップクリーム ………… 適量

◉ 作り方
1 カステラはひと口大に切る。
2 いちごは2～3分室温で解凍し、半分に切る。
3 1にホイップクリーム、2の順にのせる。

ココアヨーグルトにのせるだけ!

冷凍バナナで

ヨーグルトココアバナナ

◉ 材料(1人分)
- 冷凍バナナ(→P85) ………… 1/2本分
- ヨーグルト ………… 大さじ3
- A[ココア(無糖) ………… 小さじ1
     砂糖 ………… 小さじ2]

◉ 作り方
1 Aをすり混ぜ、ヨーグルトを加えてよく混ぜる。
2 1を器に盛り、冷凍バナナをのせる。

冷凍りんごの甘煮で

クロワッサンにはさむだけ！

アップルデニッシュ

● 材料（1人分）
冷凍りんごの甘煮（→P82）……… 4切れ
クロワッサン ……………………… 1個
シナモンパウダー、バター ……… 各適量

● 作り方
1 フライパンにバターを溶かし、凍ったままの冷凍りんごの甘煮を並べてふたをし、中火で約2分焼く。
2 火を強めてカラメル状にし、クロワッサンにはさみ、シナモンをふる。

ヨーグルトをからめるだけ！

冷凍キウイ＆パイナップルで

フローズンヨーグルト

● 材料（作りやすい分量）
冷凍キウイ＆パイナップル（→P85） 各適量
ヨーグルト、はちみつ …………… 各適量

● 作り方
1 ヨーグルトはよく混ぜてなめらかにする。
2 凍ったままのフルーツを1に入れてからめ、ヨーグルトが凍ってフローズン状になったら器に盛り、好みではちみつをかける。

豆腐

水分の多い豆腐は、冷凍すると組織がこわれて、スポンジ状になります。冷凍することで、自家製高野豆腐が手軽に作れます。

生のまま 2週間

水を抜いてパックごと冷凍

パックの封を少し切って、水を出しきって、パックごと冷凍用保存袋に入れる。

解凍法：冷蔵庫解凍

解凍したら、両手ではさんで水けをよくきる。高野豆腐と同じように煮物などに使う。

冷凍○× 冷凍を生食
スカスカした食感になるので、冷や奴のような生の料理には向かない。

高野豆腐

もともと保存のきく高野豆腐ですが、甘煮にして冷凍しておくと、ちょっとしたおかずがほしいときや、お弁当おかずにも重宝します。

調理して 3週間

切って甘煮にして冷凍

鍋にAを煮立て、もどしてひと口大に切った高野豆腐を重ならないように並べ入れ、ふたをして弱～中火で15分煮る。冷ましたら、煮汁を含んだままラップで包み、冷凍用保存袋に入れて密封する。

材料メモ　高野豆腐の甘煮　高野豆腐4個、A[だし汁300～400㎖、砂糖・酒・みりん各大さじ2、しょうゆ大さじ1、塩小さじ½]

解凍法：電子レンジ解凍 or 室温解凍

電子レンジで温める。カップに入れて凍らせればそのままお弁当に。

凍ったままお弁当に

厚揚げ

厚揚げは豆腐を揚げたものなので、豆腐同様、冷凍すると食感が少し変わります。意外に冷蔵保存がきかないので、冷凍して上手に活用を。

そのまま 2週間

油抜きをして切って冷凍

熱湯を回しかけて油抜きをし、使いやすい大きさに切る。ペーパータオルなどで水けをよくふき取り、冷凍用保存袋に入れて空気を抜きながら密封する。

解凍法：凍ったまま使う

凍ったまま、煮物や炒め物に加える。冷凍すると煮汁がしみ込みやすくなるので、特に煮物にするのがおすすめ。

保存のコツ：油抜きをして切ってから冷凍すると、すぐに使えて便利。

油揚げ

冷凍しても、味はほとんど落ちないので、冷凍しておくのがおすすめです。みそ汁の具や煮物など、さまざまに使えるので便利です。

そのまま 2週間

油抜きをして冷凍

熱湯を回しかけて油抜きをして水気をふき取って、ラップで包む。冷凍用保存袋に入れる。

解凍法：室温解凍

そのまま 2週間

油抜きをして切って冷凍

熱湯を回しかけて油抜きをし、水けをふき取る。使いやすく切って冷凍用保存袋に入れて密封する。

解凍法：凍ったまま使う

2 食材別冷凍保存法

大豆製品

豆腐／高野豆腐／厚揚げ／油揚げ

おから

日持ちしないおからは、冷凍保存するのがおすすめ。生で冷凍するときは、ラップに包んで冷凍を。

調理して 3週間

炒り煮にして冷凍

フライパンでAを炒める。Bを加えてひと煮立ちさせ、おからを加えて4～5分混ぜながら煮る。さやいんげんを加えて火を止める。冷ましたらラップに小分けにして包み、冷凍用保存袋に入れる。

材料メモ おからの炒り煮 おから150g、A[にんじん（細切り）50g、長ねぎ（粗みじん切り）½本分、しいたけ（薄切り）4枚]、さやいんげん（ゆでて小口切り）4本、B[だし汁150㎖、砂糖・みりん・しょうゆ・酒各大さじ1、塩少々]

解凍法 電子レンジ解凍 or 室温解凍

電子レンジで解凍する。カップに入れて凍らせればそのままお弁当に。

凍ったままお弁当に

生のまま 2週間

小分けにしてラップに包んで冷凍

小分けにしてラップにのせ、空気を抜きながら包む。冷凍用保存袋にまとめて入れる。

解凍法 凍ったまま使う

納豆

賞味期限が切れる前にパッケージのまま冷凍を。

そのまま 3週間

パッケージごと冷凍用保存袋に入れて冷凍

パッケージのまま冷凍用保存袋に入れて、空気を抜きながら密封する。

解凍法 電子レンジ解凍 or 室温解凍

大豆

ひと晩かけてもどしたり、長時間ゆでたりと、使う状態にするまでに手間のかかる豆類は、まとめて下ごしらえして冷凍しておくのが便利です。

ゆでて 3週間

もどしてゆでて冷凍

ひと晩、水につけてもどし、浸けた水ごと火にかけて50分ほどアクを取りながらゆでる。塩少々を加え、そのまま冷まし、ざっと汁けをきって冷凍用保存袋に入れて、空気を抜きながら密閉する。

解凍法：室温解凍
解凍して、煮物やサラダ、カレーなどに加えて。

保存のコツ　ひよこ豆や黒豆、金時豆なども同様にゆでて冷凍しておける。

調理して 3週間

ドライカレーにして冷凍

フライパンにオリーブ油を熱し、玉ねぎのみじん切りを2～3分炒め、ひき肉を加えてパラパラに炒める。Aを加えてひと混ぜし、大豆を加えて4～5分炒め合わせ、塩をふって味を調える。冷ましたら小分けにしてラップで包み、冷凍用保存袋に入れる。

解凍法：電子レンジ解凍 or 室温解凍
電子レンジで温めてごはんにのせる。凍ったまま冷ましたごはんにのせてお弁当にしても。

材料メモ　ビーンズドライカレー　玉ねぎ½個、合いびき肉150g、大豆（水煮）80～100g、A[トマトケチャップ大さじ4、白ワイン・水各大さじ1、カレー粉小さじ1]、塩少々、オリーブ油大さじ1

2 食材別冷凍保存法　大豆製品　おから／納豆／大豆

卵

卵黄と卵白を分けたり、溶きほぐすか、加熱処理すれば冷凍できます。卵焼きは、多少食感が変わりますが、大きめの具を入れて焼けば気になりません。

卵黄と卵白に分けて冷凍

生のまま 2週間

卵黄と卵白に分けて、それぞれラップにのせて巾着のようにして包み、口を輪ゴムなどで閉じる。まとめて冷凍用保存袋に入れる。

ラップを容器にのせてから卵を入れると包みやすい。

解凍法：冷蔵庫解凍

解凍してお菓子作りに。卵黄だけ、卵白だけが必要なときに便利。カスタードクリームやクッキーやケーキなどに。

冷凍○× 卵白の冷凍
卵白は常温よりも冷凍した方が、泡立ちやすくなる。お菓子作りでメレンゲを作るときにおすすめ。

溶きほぐして冷凍

生のまま 2週間

よく溶きほぐし、冷凍用保存袋に入れて、空気を抜きながら密封する。

解凍法：冷蔵庫解凍

解凍して炒り卵や薄焼き卵、卵焼きに。ハンバーグや肉団子のつなぎにしても。残った卵の保存にも便利。

冷凍○× ゆで卵の冷凍
ゆで卵は冷凍するとスポンジ状になって食感が悪くなってしまうので、冷凍は向かない。

炒り卵にして冷凍

調理して 3週間

卵はよく溶きほぐし、塩、砂糖各少々を加え、フライパンで炒めて炒り卵にする。冷ましたら小分けにしてラップに包み、冷凍用保存袋に入れる。

解凍法：室温解凍

解凍してサラダや炒め物、3色そぼろ丼に。凍ったまま冷ましたごはんにのせてお弁当にしても。〈凍ったままお弁当に〉

錦糸卵にして冷凍

調理して 3週間

卵はよく溶きほぐし、好みで塩、砂糖などで味つけをして、薄焼き卵を何枚か作る。冷ましたらせん切りにして、錦糸卵にする。小分けにしてラップに包み、冷凍用保存袋に入れる。

解凍法：室温解凍

解凍して、丼やちらし寿司やあえ物などの彩りに添えて。

卵焼きにして冷凍

調理して 3週間

卵は溶きほぐし、Aを加えて混ぜる。フライパンでかに風味かまぼこを芯にして卵焼きを焼く。冷ましたら食べやすく切り、ラップに包み、冷凍用保存袋に入れる。

材料メモ　かにかま卵焼き　卵1個、かに風味かまぼこ2本、A[みりん・水各小さじ1、塩少々、万能ねぎ（小口切り）適量]、サラダ油少々

解凍法：室温解凍

解凍してお弁当に。カップに入れて凍らせればそのままお弁当に。〈凍ったままお弁当に〉

---

2 食材別冷凍保存法

卵・乳製品

卵

牛乳

凍ると分離しますが、解凍すると元にもどります。

生のまま 2週間

冷凍用保存袋に入れて冷凍

冷凍用保存袋に入れて、空気を抜きながら密封する。牛乳が使い切れないときの保存に便利。

解凍法 冷蔵庫解凍

バター

使う1回分ずつに分けて冷凍しておくと便利です。

生のまま 3週間

切ってラップに包んで冷凍

1回分(10～15g)ずつラップにのせて、空気を抜きながら包み、冷凍用保存袋に入れる。

解凍法 冷蔵庫解凍

チーズ

スライスチーズやプロセスチーズも同様に冷凍できます。

生のまま 3週間

ラップに包んで冷凍

小分けにしてラップにのせて、空気を抜きながら包み、冷凍用保存袋に入れる。おろしたり、細かく刻んで冷凍しても。

解凍法 冷蔵庫解凍

ピザ用チーズ

冷蔵庫ではカビやすいので冷凍保存がおすすめ。

生のまま 3週間

小分けにしてラップで包んで冷凍

小分けにしてラップにのせて、空気を抜きながら包み、冷凍用保存袋に入れる。

解凍法 冷蔵庫解凍

ヨーグルト

特にプレーンタイプは水分と脂肪がムラになっているので冷凍する前も解凍後もよくかき混ぜて。砂糖やジャムを加えてから冷凍しても。

生のまま　2週間

冷凍用保存袋に入れて冷凍

冷凍用保存袋に入れて、空気を抜きながら密封する。

冷凍○×　寒天入りヨーグルトの冷凍
寒天入りは食感が悪くなるので、冷凍に向かない。凍ったまま食べるならOK。シャーベットのようにシャリシャリに。

解凍法　冷蔵庫解凍

解凍した直後は分離しているが、かき混ぜるともとにもどる。半解凍ならシャーベットのような食感に。

生クリーム

ケーキを作ったときに残ったホイップクリームは小分けにして凍らせておくといつでもすぐ使えて便利です。デザートに添えるとおしゃれ感アップ。

調理して　2週間

ホイップして小分けにして冷凍

砂糖を加えてホイップして、ラップに使いやすい分量をのせて巾着のように口を閉じる。冷凍用保存袋に入れる。

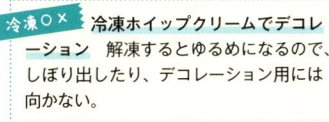

冷凍○×　冷凍ホイップクリームでデコレーション
解凍するとゆるめになるので、しぼり出したり、デコレーション用には向かない。

解凍法　室温解凍

解凍して、スコーンやアップルパイ、コーヒーゼリーなどのデザートに添えて。半解凍ならアイスのような食感が楽しめる。

2　食材別冷凍保存法

卵・乳製品

牛乳／バター／チーズ／ピザ用チーズ／ヨーグルト／生クリーム

ごはん

冷蔵はもちろん、炊飯器の保温機能でも味が落ちてしまうごはんは、冷凍保存がおすすめ。炊きたてのアツアツを冷凍するのがコツです。

そのまま 3週間

温かいままラップで包んで冷凍

温かいごはんはラップに1膳分ずつのせて、空気を抜くようにして平らに包む。冷ましてから冷凍用保存袋に入れる。

解凍法：電子レンジ加熱

電子レンジで温める。

保存のコツ 温かいうちに包むと水分がキープできるのでおいしく冷凍できる。また、乾燥が大敵なので、空気が入らないようにぴっちり包む。

食パン

パサつく前に冷凍しておくとおいしくいただけます。

そのまま 1カ月

空気をしっかり抜いて冷凍

1枚ずつラップで包んでから冷凍用保存袋に入れる。袋のまま空気をしっかり抜いて口を輪ゴムで結んでも。凍ったままトースターで焼いて。

解凍法：凍ったまま使う

クロワッサン

油分の多いパンはにおいがつきやすいので、袋を二重に。

そのまま 3週間

ポリ袋を二重にして冷凍

二重にしたポリ袋に入れてしっかり空気を抜き、冷凍用保存袋に入れる。解凍したらトースターで少し焼く。

解凍法：室温解凍 or 電子レンジ解凍

パスタ

まとめてゆでて冷凍しておけば、すぐに食べたいときに手間なく作れて便利です。のびにくいマカロニやショートパスタも冷凍向きです。

ゆでて　3週間

油をまぶしてラップに包んで冷凍

少しかためにゆでたパスタは、熱いうちに油適量を全体にまぶし、冷ましたら冷凍用保存袋に入れて空気を抜きながら密封する。

解凍法　電子レンジ加熱

電子レンジで温める。さらにフライパンで軽く炒め、好みのソースをからめる。

冷凍○×　ショートパスタの冷凍　パスタは解凍するとコシが弱くなるが、ペンネなどのショートパスタは、コシがなくなりにくいのでより冷凍向き。

調理して　3週間

ナポリタンにして冷凍

パスタは半分に折ってゆで、ゆで上がり20秒前にピーマンを加える。フライパンで玉ねぎを炒めたら、ウインナーを炒め合わせ、Aを加えて混ぜる。ゆでたパスタとピーマンも加えて炒め、塩、こしょうで味を調える。冷ましたら小分けにしてラップに包んで、冷凍用保存袋に入れる。

解凍法　電子レンジ加熱

電子レンジで温める。カップに入れて凍らせれば温めてからお弁当に。

\お弁当に/

材料メモ　ナポリタン　パスタ70～80g、塩(ゆで用)適量、玉ねぎ(薄切り)½個、ウインナー(斜め切り)2本、ピーマン(細切り)1個、A[トマトケチャップ・ウスターソース・白ワイン各小さじ2]、塩・こしょう各少々、サラダ油小さじ2

2　食材別冷凍保存法

穀類

ごはん／食パン／クロワッサン／パスタ

うどん

凍ったままゆでられるから便利です。

そのまま 1ヵ月

袋のまま冷凍する

封を切っていなければ、袋ごと冷凍する。開封後は、1食分ずつラップに包む。

解凍法：凍ったまま使う

そば

打ちたての生そばも冷凍OKです。

そのまま 1ヵ月

袋のまま冷凍する

封を切っていなければ、袋ごと冷凍する。開封後は、1食分ごとにラップに包む。

解凍法：凍ったまま使う

中華蒸し麺

中華麺は室温で半解凍して使うか、レンジで解凍して。

そのまま 1ヵ月

袋のまま冷凍する

封を切っていなければ、袋ごと冷凍する。開封後は、1食分ごとにラップに包む。

解凍法：電子レンジ解凍 or 室温解凍

切り餅

残った餅は古くなってカビてしまう前に冷凍を。

そのまま 1ヵ月

冷凍用保存袋に入れて冷凍

冷凍用保存袋に入れて空気を抜きながら密封する。凍ったまま焼き網やトースターで焼いて。

解凍法：凍ったまま使う or 室温解凍

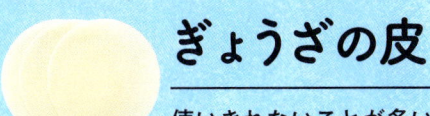

ぎょうざの皮

使いきれないことが多いので、残ったら冷凍がおすすめ。

そのまま　1カ月

パッケージのまま冷凍

開封前はパッケージのまま冷凍する。開封後は、ラップに包んで冷凍用保存袋に入れる。

解凍法：室温解凍

春巻きの皮

凍らせると破れやすいので、特に開封後は早く使い切る。

そのまま　1カ月

パッケージのまま冷凍

パッケージのまま冷凍用保存袋に入れて冷凍する。開封後はラップに包んで冷凍用保存袋に入れる。

解凍法：室温解凍

小麦粉（片栗粉）

湿気や光に弱いので、冷凍庫での保存がおすすめです。

そのまま　1カ月

冷凍用保存袋に入れて冷凍

冷凍用保存袋に入れて、空気を抜きながら密封する。凍らせても固まらないのでそのまま使える。

解凍法：凍ったまま使う

パン粉

パン粉が中途半端に残ってしまったときは冷凍して。

そのまま　1カ月

冷凍用保存袋に入れて冷凍

冷凍用保存袋に入れて、空気を抜きながら密封する。凍らせても固まらないのでそのまま使える。

解凍法：凍ったまま使う

---

2 食材別冷凍保存法　穀類

うどん／そば／中華蒸し麺／切り餅／ぎょうざの皮／春巻きの皮／小麦粉（片栗粉）／パン粉

だし

凍らせておけば、いつでもおいしいだしが使えるので便利です。あえ物や離乳食など、特に少量使いたいときにおすすめです。

そのまま　3週間

冷凍用保存袋に入れて冷凍

冷ましたら冷凍用保存袋に入れて、空気を抜きながら密封する。

解凍法：凍ったまま使う or 室温解凍

スープや煮物などに。薄い板状に冷凍しておけば、必要な量だけをパキパキと折って使える。

保存のコツ 製氷皿は冷凍庫で場所をとったり、製氷皿にだしのにおいがついてしまうので、袋で冷凍がおすすめ。

煮干し

カチカチに固まらないので、使う分だけ取り出せます。

そのまま　1カ月

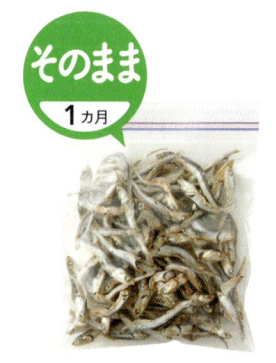

冷凍用保存袋に入れて冷凍

冷凍用保存袋に入れて、空気を抜きながら密封する。凍ったままだしを取るのに使って。

解凍法：凍ったまま使う

かつお節

開封後は湿気を吸いやすいので、冷凍庫へ。

そのまま　1カ月

冷凍用保存袋に入れて冷凍

冷凍用保存袋に入れて、空気を抜きながら密封する。凍ったまま冷や奴やおひたしに。

解凍法：凍ったまま使う

2 食材別冷凍保存法 その他

だし／煮干し／かつお節／昆布／のり／わかめ

昆布

だし用に使いやすく切って冷凍しておくと便利です。

そのまま 1カ月

切って冷凍用保存袋に入れて冷凍

5cm長さくらいに切って、冷凍用保存袋に入れて、空気を抜きながら密封する。

解凍法 凍ったまま使う

のり

大きいまま冷凍しても、おにぎり用に切り分けても。

そのまま 1カ月

冷凍用保存袋に入れて冷凍

パッケージごと冷凍用保存袋に入れて、空気を抜きながら密封する。凍ったまま刻んで使ったり、解凍しておにぎりに。

解凍法 凍ったまま使う or 室温解凍

わかめ

塩蔵のものは下処理が面倒なので、もどして使いやすく切ってから冷凍しておくと便利です。加熱料理にはそのまま使えます。

生のまま 3週間

もどして使いやすく切って冷凍

もどして、使いやすい長さに切る。水けをよく絞って、小分けにしてラップにのせて、空気を抜きながら包む。まとめて冷凍用保存袋に入れる。

解凍法 凍ったまま使う or 室温解凍

凍ったままみそ汁やスープ、煮物に加えて。解凍して、サラダやあえ物にしても。

保存のコツ 塩蔵のわかめは、もどさずそのまま冷凍してもOK。

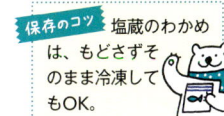

103

スパイス（赤唐辛子／ドライハーブ／こしょう）

スパイス類は、冷凍しておけば、風味を保ったまま保存できます。水分がないので冷凍しても変化がなく、凍ったまま使えます。

そのまま　1カ月

冷凍用保存袋に入れて冷凍

冷凍用保存袋に入れて、空気を抜きながら密封する。凍ったまま料理に加える。

解凍法：凍ったまま使う

漬け物

保存性の高い漬け物ですが、味落ちを防ぐために冷凍しておくのがおすすめです。そのまま冷凍しても、細かく切って冷凍して炒飯などに使っても。

そのまま　1カ月

冷凍用保存袋に入れて冷凍

そのまま冷凍用保存袋に入れて、空気を抜きながら密封する。

解凍法：室温解凍 or 流水解凍

そのまま　1カ月

刻んで冷凍用保存袋に入れて冷凍

細かく刻んでから冷凍用保存袋に入れて、空気を抜きながら密封する。

解凍法：凍ったまま使う

ごま

酸化しやすいごまは、開封したら冷凍庫へ。

そのまま 1ヵ月

冷凍用保存袋に入れて冷凍

冷凍用保存袋に入れて、空気を抜きながら密封する。凍ったままフライパンで軽く炒ってから使うと香りが増す。

解凍法：凍ったまま使う

ナッツ

脂肪分の多いナッツ類は酸化しやすいので、冷凍保存を。

そのまま 1ヵ月

冷凍用保存袋に入れて冷凍

冷凍用保存袋に入れて、空気を抜きながら密封する。凍ったままフライパンで軽く炒ると香ばしくおいしくなる。

解凍法：凍ったまま使う or 室温解凍

珈琲

豆、粉ともに冷凍OK。しっかり密封して冷凍を。

そのまま 1ヵ月

冷凍用保存袋に入れて冷凍

封を切っていなければパッケージのままで冷凍する。開封後は冷凍用保存袋に入れて、空気を抜きながら密封する。

解凍法：凍ったまま使う

お茶

ほかの食品のにおいがつかないようにしっかり密封して。

そのまま 1ヵ月

冷凍用保存袋に入れて冷凍

封を切っていなければパッケージのままで冷凍する。開封後は冷凍用保存袋に入れて、空気を抜きながら密封する。

解凍法：凍ったまま使う

---

2 食材別冷凍保存法　その他

スパイス／漬け物／ごま／ナッツ／珈琲／お茶

あんこ

冷凍保存しておくといつでもほしい量だけを使えて便利です。小豆から手作りしたときも同様に保存できます。

そのまま 3週間

小分けにラップに包んで冷凍

小分けにしてラップにのせ、空気を抜きながら平らに包む。冷凍用保存袋にまとめて入れる。

解凍法：室温解凍

解凍して、ホットケーキや白玉、トーストなどにのせて。

保存のコツ あんこは電子レンジで加熱しすぎるとかたくなることがあるので避けて。あん入りのまんじゅうなども同様。

ようかん

切り分けて冷凍すると、手軽なひと口おやつに。

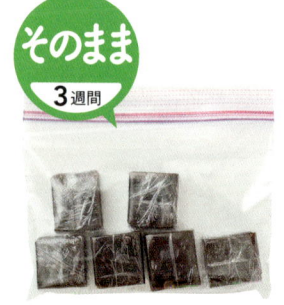

そのまま 3週間

切って ラップに包んで 冷凍

食べやすい大きさに切って、1個ずつラップに包んで冷凍用保存袋に入れる。

解凍法：室温解凍

大福

冷蔵庫ではかたくなるので、冷凍庫で保存して。

そのまま 3週間

ラップに包んで冷凍

1個ずつラップに包んで冷凍する。まとめて冷凍するときはさらに冷凍用保存袋に入れても。

解凍法：室温解凍

洋菓子（チョコレートケーキ／ロールケーキ／チーズケーキ）

焼き菓子や生クリームの入った洋菓子も冷凍できます。フルーツの入ったものやゼリーがけのもの、カスタード入りのものは冷凍できないので注意を。

そのまま 3週間

ラップに包んで冷凍
チョコレートケーキはラップに包んで冷凍用保存袋に入れる。ケースごと冷凍してもOK。

解凍法：室温解凍 or 冷蔵庫解凍

ラップに包んで冷凍
ロールケーキは食べやすく切り分けて、ラップに包んで冷凍用保存袋に入れる。

解凍法：室温解凍 or 冷蔵庫解凍

ラップに包んで冷凍
チーズケーキはラップに包んで冷凍用保存袋に入れる。

解凍法：室温解凍 or 冷蔵庫解凍

冷凍OK? NG? その他のスイーツ
冷凍すると食感がかわってしまうものもあるので、覚えておきましょう。

冷凍OKスイーツ

カステラ
ラップに包んで冷凍して室温で解凍する。

シフォンケーキ
ラップに包んで冷凍して室温で解凍する。

ドーナッツ
ラップに包んで冷凍して室温で解凍する。トースターで温めるとおいしい。

クッキー
冷凍用保存袋に入れて密閉して冷凍。室温解凍する。

冷凍NGスイーツ

シュークリーム
カスタードクリームが分離してしまう。

フルーツタルト
フルーツの食感が悪くなる。タルト部分はOK。

プリン
もろもろと舌触りが悪くなる。凍ったまま食べるならOK。

ゼリー
食感が悪くなる。凍ったまま食べるならOK。

2 食材別冷凍保存法 その他
あんこ／ようかん／大福／洋菓子

冷凍コラム②

チェックしておきたい！
冷凍NG食材

食品の中には冷凍に向かないものもあります。せっかく冷凍してもムダにしてしまうことのないように、あらかじめチェックしておきましょう！

知っておこう！

冷凍のしくみ

食品を冷凍すると、食品の中の水分が凍って大きな氷ができあがります。それによって、細胞が傷つけられ、味が損なわれたり、スカスカになったりするのです。

中で氷が大きくなると細胞が押しつぶされて破壊されてしまう。

冷凍をおすすめしない食材

冷凍による食感の変化は、個人の好みによってもOK、NGのジャッジが異なります。下記を参考に判断してください。

✕ 変質したり、食感が変わってしまうもの

● **水菜**
茎が細いので、水分が抜けると繊維だけの状態になってしまう。

● **レタス**
水分が多い野菜なので、しんなりべちゃっとしてしまう。

● **山菜**
繊維が豊富なので、筋っぽくなってしまう。

● **ゆで卵**（→P94）
スポンジ状になって食感が変わってしまう。

● **にぎり寿司**
魚からドリップが出て、寿司飯にしみて生臭くなってしまう。

● **ビール、炭酸飲料**
ガスが膨張して破裂してしまうことがある。

● **シュークリーム**（→P107）
皮は冷凍できるが、中のカスタードが分離してしまう。

● **マヨネーズ**
分離してしまい、解凍しても元にもどらない。

△ 保存の仕方や使い方によってはOKのもの

保存の仕方によっては冷凍OK

● **スライスハム**（→P37）
筋っぽく水っぽくなる。真空パックのままなら冷凍OK。

● **たけのこ**（→P75）
繊維が多いので、筋っぽくなる。砂糖をふって冷凍すればOK。

● **きゅうり**（→P70）
水分が多いので、ぐちゃぐちゃになる。塩もみして冷凍すればOK。

使い方によっては冷凍OK

● **青じそ**（→P77）
黒ずんで苦みが出てしまう。香りは残っているので炒め物などに使うならOK。

● **アボカド**（→P87）
ドロドロになってしまう。つぶしてディップなどに使うならOK。

● **豆腐**（→P90）
高野豆腐のようにスカスカした食感に。煮物にすればOK。

● **こんにゃく、しらたき**
スカスカになってしまう。凍みこんにゃくとして煮物にすればOK。

● **寒天、ゼリー、プリン**
（→P97、107）
食感が悪くなる。凍ったままシャーベット風に食べるならOK。

3

定番おかずの
冷凍保存法

いつものおかずを冷凍しておけば、
忙しいときに何かと便利です。
ソースやおやつの冷凍方法も。

◇ おかずの冷凍法 ……………… P110
◇ ソースの冷凍法 ……………… P131
◇ おやつの冷凍法 ……………… P132

ハンバーグ

みんなが大好きなハンバーグは、夕食メニューの大定番。冷凍しておけばお弁当にも便利です。

調理済みを 3週間

1個ずつラップに包んで冷凍

しっかり冷まし、1個ずつラップにのせ、空気を抜きながら包む。冷凍用保存袋にまとめて入れる。

保存のコツ 小さめに作っておくと冷凍、解凍に時間がかからない。また、小さいほうがお弁当にも入れやすい。

解凍法 電子レンジ加熱 or 室温解凍

電子レンジで温めて、ソースをかける。カップに入れて凍らせればそのままお弁当に。

凍ったままお弁当に

冷凍保存してもおいしい！ ハンバーグのレシピ

● 材料（4人分）
- 合いびき肉 …… 300g
- 玉ねぎ …… 1/2個
  - あまったら冷凍（P56参照）
- 卵 …… 1個
- A［パン粉 …… 1/2カップ
    牛乳 …… 1/3カップ］
- 塩 …… 小さじ1/4
- こしょう …… 少々
- サラダ油 …… 適量

● 作り方
1. 玉ねぎはみじん切りにする（炒めないので細かめに）。
2. ボウルにAを入れて5分ほどおき、合いびき肉、卵、塩、こしょうを入れてよく混ぜる。
3. 8〜10等分して小さな小判形に整える。
4. サラダ油を熱したフライパンに並べて中火で4〜5分ほど焼く。焼き色がついたら裏返し、ふたをして4〜5分ほど蒸し焼きにする。

半調理で 2週間

冷凍用保存袋に入れて密封し、菜箸などで折り目をつける（→P19参照）。ロールキャベツや肉団子などにも使える。

解凍法 冷蔵庫解凍

ぎょうざ

一度にたくさん作れるので、作ったときに1食分ずつ小分けにして冷凍しておくと便利です。

3 定番おかずの冷凍保存法　ハンバーグ／ぎょうざ

調理済みを 3週間

1食分をラップに包んで冷凍

しっかり冷まし、1食分ずつラップにのせ、空気を抜きながら包む。冷凍用保存袋にまとめて入れる。

保存のコツ　肉だねとぎょうざの皮を別々に冷凍してもOK。保存の仕方は、肉だねP110（下段半調理）、皮P101参照。肉だねはラーメンやスープの具にも。

解凍法　凍ったまま使う or 電子レンジ加熱

凍ったままフライパンに入れて、水を加えて焼き直すか、電子レンジで温める。

冷凍保存してもおいしい！　ぎょうざのレシピ

● 材料（4人分）

豚ひき肉	200g
長ねぎ	1/4本
キャベツ	4枚（200g）
塩	小さじ1/2
ぎょうざの皮	24枚
──あまったら冷凍（P101参照）	
A　酒、片栗粉	各大さじ1 1/2
ごま油、しょうゆ、砂糖	各小さじ2
こしょう	少々
サラダ油	大さじ1

● 作り方

1. キャベツは粗みじん切りにして塩をふって軽く混ぜ、10分ほどおく。長ねぎはみじん切りにする。
2. ボウルに豚肉、長ねぎ、水けを絞ったキャベツ、Aを入れてよく練り混ぜる。
3. ぎょうざの皮に小さじ1杯の肉だねをのせ、ふちに水を塗り、ひだを作りながら包む。
4. フライパンにサラダ油を入れ、3を並べ、水（分量外）を1cm高さまで入れる。ふたをして、中〜強火で煮立たせ、弱火にして4〜5分蒸し焼きにする。ふたを取り、火を強めて焼き色をつける。

半調理で 2週間

小麦粉を薄くふってラップに包んで冷凍用保存袋に入れる。凍ったまま、水、焼き時間を多めにして焼く。

解凍法　凍ったまま使う

とんカツ

冷凍とんカツがあれば、カツサンドやカツ丼もササッと作れます。揚げる前の状態で冷凍しても。

調理済みを 3週間

1枚ずつをラップに包んで冷凍

しっかり冷まし、1枚ずつラップにのせ、空気を抜きながら包む。冷凍用保存袋にまとめて入れる。

解凍法 室温解凍 or 電子レンジ解凍

解凍してアルミホイルにのせてオーブントースターで温めるとカリッとおいしく食べられる。

冷凍保存してもおいしい！ とんカツのレシピ

● 材料（4人分）
豚ロース肉（またはひれ肉 500〜600g）……4枚
塩、こしょう……各少々
小麦粉、溶き卵、パン粉……各適量
└あまったら冷凍（P101参照）
揚げ油……適量

● 作り方
1 豚肉は脂肪と赤身の間に包丁を数カ所入れ、筋切りをする（ひれ肉の場合は2cm幅に切り、叩いて1.5cm厚さにする）。
2 豚肉に塩、こしょうをふり、小麦粉、溶き卵、パン粉の順に衣をつける。
3 2を200℃の油で6〜7分ほどこんがりと揚げる。

半調理で 2週間

パン粉を多めにふって、ラップに包んで冷凍する。凍ったまま揚げる場合は、冷たい油に入れ、ゆっくり温度を上げて揚げる。

解凍法 冷蔵庫解凍

から揚げ

冷凍しておけば、夕ごはんにもお弁当にも大活躍！　卵でとじて親子丼にしたり、サラダに加えても。

3 定番おかずの冷凍保存法　とんカツ／から揚げ

調理済みを 3週間

冷凍用保存袋に入れて冷凍

しっかり冷まし、冷凍用保存袋にまとめて入れて空気を抜きながら密封する。

レシピメモ　揚げ物は、解凍後、オーブントースターで軽く温め直すとカリッと揚げたてのような食感が再現できる。

解凍法　室温解凍 or 電子レンジ解凍

解凍してオーブントースターで温める。カップに入れて凍らせればそのままお弁当に。

凍ったままお弁当に

冷凍保存してもおいしい！　から揚げのレシピ

● 材料（4人分）
鶏もも肉（から揚げ用）300g
A ┃ 酒、しょうゆ……各大さじ1½
　 ┃ 砂糖……小さじ2
小麦粉…………大さじ4〜5
揚げ油……………適量

● 作り方
1 ポリ袋（または冷凍用保存袋）にA、鶏肉の順に入れ、よくもみ込み、30分以上おく。
2 汁けをきり、ペーパータオルでよくふく。別のポリ袋に小麦粉と鶏肉を入れて全体をよくふり、薄くまぶす。
3 200℃の油で2を6〜7分、ときどき返しながらカリッと揚げる。

半調理で 2週間

冷凍用保存袋にまとめて入れて密封する。冷蔵庫で解凍して衣をつけて揚げる。下味をつけて冷凍しておけば、すぐに揚げられる。

解凍法　冷蔵庫解凍

牛丼

牛丼の具を冷凍しておけば、お弁当にもひとりごはんにも大助かり！うどんにのせれば、肉うどんにも。

調理済みを 3週間

冷凍用保存袋に入れて、折り目をつけて冷凍

牛丼の具はしっかり冷まし、冷凍用保存袋に入れて薄くのばして空気を抜きながら密封する。菜箸などで1食分の折り目をつける（→P118参照）。

解凍法：電子レンジ加熱 or 室温解凍

電子レンジで温めて、ごはんにのせて。凍ったまま冷ましたごはんにのせてお弁当にも。

凍ったままお弁当に

冷凍保存してもおいしい！ 牛丼のレシピ

● 材料（4人分）
- 牛切り落とし肉 …………… 250g
- 玉ねぎ …………………… 1個
- A [酒、しょうゆ、みりん 各大さじ3強
-    砂糖 …………………… 小さじ1〜2]
- ごはん …………………… 茶碗4杯分
- 紅しょうが ………………… 適量
- サラダ油 ………………… 小さじ2

● 作り方
1. 玉ねぎは6〜7mm幅のくし形に切る。
2. フライパンにサラダ油を中火で熱し、1をさっと炒め、牛肉をほぐし入れ、1〜2分炒める。
3. Aを加えてざっと混ぜ、ふたをして弱〜中火で5〜6分煮る。
4. 温かいごはんを器に盛り、3をのせ、好みで紅しょうがを添える。

レシピメモ しらたきは冷凍に向かないので、入れずに作る。代わりに冷凍に強いえのきだけを加えるのもおすすめ。

3 定番おかずの冷凍保存法

牛丼／煮豚

煮豚

冷凍煮豚があれば、急なパパの晩酌のおつまみにも困りません。チャーハンやラーメンのトッピングにも。

調理済みを 3週間

薄切りにしてラップに包んで冷凍

冷ましたら薄く切り、煮汁をからめて1食分ずつラップにのせ、空気を抜きながら包む。冷凍用保存袋にまとめて入れる。

保存のコツ スライスしておけば、短時間に解凍できて便利。パサつき防止のために、煮汁をしっかりからめてからラップに包んで冷凍して。

解凍法　室温解凍 or 電子レンジ解凍

解凍して肉の代わりに使ったり、トッピングやパンにはさんでも。

冷凍保存しくもおいしい！　煮豚のレシピ

● **材料（作りやすい分量）**
豚ももかたまり肉（好みで肩ロースでも）
　　　　　　　　　　　500～600g
A ［酒、しょうゆ、砂糖……各½カップ
　　しょうが（薄切り）……1片分
　　長ねぎ……………………½本］

● **作り方**
1　豚肉はたこ糸でぐるぐると巻いて結ぶ。
2　鍋にたっぷりの湯を沸かし、1を5～6分ゆで、一度湯を捨てる。
3　鍋に2の肉をもどし、Aを入れ、かぶるくらいの水を足して火にかける。煮立ったら落としぶたをして弱火で30分ほど煮、火を止める。

調理済みを 3週間

冷まして冷凍用保存袋に煮汁ごと入れて密封する。解凍は室温で1～2時間かかる。半解凍で切ると早く解凍できる。

解凍法　室温解凍

筑前煮

野菜たっぷりの煮物は、常備冷凍しておくと便利です。もう1品おかずを足したいときに。

冷凍用保存袋に入れて冷凍

しっかり冷まし、冷凍用保存袋に入れて、空気を抜きながら密封する。

調理済みを3週間

保存のコツ 野菜は大きいまま冷凍すると食感が変わりやすいので、通常よりも小さく切る。また、できるだけ具が重ならないように袋に入れると、あとで取り出しやすい。

解凍法 電子レンジ加熱 or 室温解凍

電子レンジで温める。カップに入れて凍らせて、そのままお弁当に。

凍ったままお弁当に

冷凍保存してもおいしい！ 筑前煮のレシピ

● 材料（4人分）
- 鶏もも肉 ……………… 2枚
- ごぼう ………………… 100g
- れんこん ……………… 200g
- にんじん ……………… 150g
  - あまったらミックスして冷凍（P81参照）
- 干ししいたけ（ぬるま湯でもどす）……………… 4枚

- A [だし汁 …… 400〜500mℓ
    酒、砂糖 …… 各大さじ2]
- B [しょうゆ …… 大さじ4
    みりん …… 大さじ2]
- サラダ油 …………… 大さじ1

● 作り方
1. 鶏肉は余分な脂を除き、3cm角に切る。
2. ごぼうはたわしで皮をこそげ、小さめの乱切りにし、水にさらす。れんこんは小さめの乱切り、干ししいたけは4つ割りに、にんじんは小さめの乱切りにする。
3. 鍋に湯を沸かし、1と2の干ししいたけ以外を1分ほどゆでてザルに上げる。
4. 鍋にサラダ油を熱し、3、干ししいたけを入れて中火で炒め、全体に油が回ったらAを加えて落としぶたをし、15分ほど煮る。Bを加えて10分ほど煮て強火にし、煮汁がほぼなくなるまで煮からめる。

3 定番おかずの冷凍保存法

筑前煮／かき揚げ

かき揚げ

天ぷらはトースターで少し温めれば、カリッとした食感がよみがえります！ そうめんやそば、うどんの具に。

調理済みを3週間

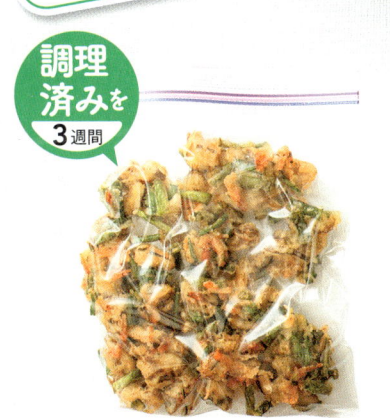

冷凍用保存袋に入れて冷凍

しっかり冷まし、冷凍用保存袋に入れて、空気を抜きながら密閉する。

解凍法：室温解凍 or 電子レンジ解凍

解凍してアルミホイルにのせてオーブントースターで温めるとカリッとおいしく食べられる。

冷凍保存してもおいしい！　かき揚げのレシピ

● 材料（4人分）

衣
- 卵 ………………………… ½個
- ┗ あまったら冷凍（P94参照）
- 冷水 ……………………… 大さじ4
- 小麦粉 …………………… 大さじ4〜5

- 桜えび …………………… 10g
- 万能ねぎ ………………… 3〜4本
- しいたけ ………………… 2〜3枚
- 揚げ油 …………………… 適量

● 作り方

1 万能ねぎは1cm幅に切る。しいたけは石づきを落とし、薄切りにする。

2 ボウルに卵、冷水を混ぜ合わせ、小麦粉を加えてさっと混ぜ、桜えびと1を加えて混ぜる。

3 170℃の油に2を大さじ1ずつ落とし入れ、菜箸で広げ、ときどき返しながらカラッと揚げる。

レシピメモ　かき揚げの桜えびは、ちりめんじゃこに代えてもおいしい。えびやなすなどの天ぷらも冷凍におすすめ。

ハヤシライス

レンジでチンすれば簡単に1人分ごはんに。冷凍でうまみがアップするきのこを入れると、おいしさ倍増！

調理済みを3週間

冷凍用保存袋に入れて、折り目をつけて冷凍

しっかり冷まし、冷凍用保存袋に入れて薄くのばして空気を抜きながら密封する。菜箸などで1食分の折り目をつける。

解凍法：電子レンジ加熱

電子レンジで加熱するか、鍋に入れて熱湯で温める。

保存のコツ 粘度のあるものは、折り目をつけて冷凍できる。1食分ずつラップで小分けに冷凍しても。

冷凍保存してもおいしい！　ハヤシライスのレシピ

● 材料（4人分）
- 牛切り落とし肉　　　　　　　300g
- 玉ねぎ　　　　　　　　　　　1個
- しめじ、しいたけ　　　　　各100g
- A ┌ 小麦粉　　　　　　　　小さじ2
　　└ 塩、こしょう　　　　　各少々
- B ┌ 赤ワイン　　　　　　　1/4カップ
　　├ トマトケチャップ、水　各1/2カップ
　　└ ローリエ　　　　　　　　1枚
- 塩、こしょう　　　　　　　　各少々
- バター　　　　　　　　　　大さじ1

● 作り方
1. 玉ねぎは4〜5mm幅に切る。
2. きのこは石づきを切り落とし、しめじはほぐし、しいたけは7〜8mm幅に切る。
3. 牛肉は大きければひと口大に切り、Aをまぶす。
4. フライパンにバターを溶かし、1を弱〜中火で5〜6分炒め、3を加えて炒める。肉の色が変わったら2を加えて炒め合わせる。
5. Bを加え、ときどき混ぜながら、ふたをして弱火で6〜7分煮、塩、こしょうで味を調える。

カレーライス

鍋にたっぷりでき上がるカレー。あまったら冷凍しておけば、あきずにおいしく食べきれます。

3 定番おかずの冷凍保存法　ハヤシライス／カレーライス

調理済みを3週間

冷凍用保存袋に入れて冷凍

食感が悪くなるじゃがいもは取り除く。しっかり冷まし、冷凍用保存袋に入れて薄くのばして空気を抜きながら密封する。

ハヤシライスのように菜箸などで1食分の折り目をつけても。

解凍法　電子レンジ加熱

電子レンジで加熱するか、鍋に入れて熱湯で温める。

保存のコツ　じゃがいもは大きめに切っておくと、取り除きやすい。解凍後、ふかしたじゃがいもを加えても。

冷凍保存してもおいしい！　カレーのレシピ

● 材料（6皿分）

牛肉	300g
玉ねぎ	2個
にんじん	1本
じゃがいも	2個
水	約700mℓ
カレールウ	6皿分
サラダ油	大さじ1

● 作り方

1. 玉ねぎ、にんじんはひと口大に切る。じゃがいもは大きめのひと口大に切る。
2. 鍋にサラダ油を中火で熱し、1をさっと炒め、牛肉を加えて炒める。
3. 肉の色が変わったら、水を入れて強火にし、煮立ったらアクを取り、弱火で15分ほど煮る。
4. 火を止め、カレールウを加えて溶かし、再び弱火で約10分煮る。

コロッケ

大人にも子どもにも人気のコロッケ。小さめに作っておくと、冷凍してもおいしくいただけます！

調理済みを 3週間

1食分をラップに包んで冷凍

しっかり冷まし、1食分ずつラップにのせ、空気を抜きながら包む。冷凍用保存袋にまとめて入れる。

保存のコツ コロッケは小さめに作っておくと冷凍、解凍に時間がかからず、お弁当にも入れやすい。

解凍法 室温解凍 or 電子レンジ解凍

解凍してアルミホイルにのせてオーブントースターで温めるとカリッとおいしく食べられる。

冷凍保存してもおいしい！ コロッケのレシピ

● 材料（4人分）
- じゃがいも……4個（600g）
- 玉ねぎ……1個
- 合いびき肉……200g
- A ┌ 塩、こしょう……各適量
　　└ 砂糖……小さじ1
- 小麦粉、溶き卵、パン粉……各適量
  └ あまったら冷凍（P101参照）
- サラダ油……大さじ1
- 揚げ油……適量

● 作り方
1. じゃがいもは皮をむき、4等分にし、ゆでて、から炒りして水分をとばし、熱いうちにつぶす。
2. 玉ねぎはみじん切りにする。
3. フライパンにサラダ油を熱し、2を弱～中火で4～5分炒め、しんなりしたら、ひき肉を加えてパラパラになるように炒め、Aを加えて味をつける。
4. 1に3を加えてよく混ぜ、小さめの俵形に整え、小麦粉、溶き卵、パン粉の順に衣をつける。
5. 170℃の油できつね色になるまで揚げる。

半調理で 2週間

パン粉を多めにふって、ラップに包んで冷凍する。凍ったまま揚げる場合は、冷たい油から入れ、ゆっくり温度を上げて揚げる。

解凍法 室温解凍

3 定番おかずの冷凍保存法

コロッケ／春巻き

春巻き

ビールによく合う春巻きを冷凍しておけば、おつまみに重宝します。もちろん夕ごはんのおかずにも。

調理済みを 3週間

1本ずつラップに包んで冷凍

しっかり冷まし、1本ずつラップにのせ、空気を抜きながら包む。冷凍用保存袋にまとめて入れる。

保存のコツ 春巻きは中の具だけを冷凍してもOK。解凍して、春巻きにするほか、ごはんにのせてもおいしい。

解凍法　室温解凍 or 電子レンジ解凍

解凍してアルミホイルにのせてオーブントースターで温めるとカリッとおいしく食べられる。

冷凍保存してもおいしい！ 春巻きのレシピ

● 材料（10本分）
- 豚ひき肉……………150g
- 長ねぎ（粗みじん切り）
　……………………1本分
- たけのこ水煮（細切り）
　……………………100g
- しょうが（細切り）…1片分
- しいたけ（薄切り）…3〜4枚
- 春雨（もどす）………40g
- 春巻きの皮…………10枚

└ あまったら冷凍（P101参照）

- A ┌ 酒、しょうゆ
　　│　……各大さじ1½
　　│ 砂糖……小さじ2
　　└ こしょう……少々
- B ┌ 小麦粉……大さじ2
　　└ 水……大さじ4弱
- ごま油……………大さじ1
- 揚げ油……………適量

● 作り方
1. フライパンにごま油を中火で熱し、しょうがをさっと炒め、長ねぎ、たけのこ、しいたけを入れてさっと炒め、豚肉を入れてパラパラになるように炒める。
2. 肉の色が変わったら、Aを回し入れて全体にからめ、食べやすく切った春雨を入れ、汁けがなくなるまで炒め煮にし、火を止めて粗熱をとる。
3. 2を10等分にする。春巻きの皮に具をのせ、手前から巻き、左右を折り込んで空気が入らないように巻き、巻き終わりに、合わせたBを指でつけてとめる。
4. 170℃の油で3を6〜7分、ときどき返しながらつね色に揚げる。

半調理で 2週間

1本ずつラップに包んで冷凍する。凍ったまま揚げる場合は、冷たい油に入れ、ゆっくり温度を上げて揚げる。

解凍法　室温解凍

かぼちゃ煮

丸ごとかぼちゃを買ったら、かぼちゃ煮に。さらにあまったかぼちゃは、生のまま冷凍できます。

調理済みを3週間

小分けにしてラップに包んで冷凍

しっかり冷まし、小分けにしてラップにのせ、空気を抜きながら包む。冷凍用保存袋にまとめて入れる。冷凍用保存袋にまとめて入れて密封しても。

解凍法：電子レンジ加熱 or 室温解凍

電子レンジで温める。カップに入れて凍らせておけば、そのままお弁当に。

凍ったままお弁当に

レシピメモ かぼちゃ煮はつぶしてかぼちゃサラダやコロッケ、グラタンなどにアレンジできる。

冷凍保存してもおいしい！ かぼちゃ煮のレシピ

● 材料（4人分）
- かぼちゃ ………………… ¼個（400g）
  └ あまったら冷凍（P58参照）
- A ┌ だし汁 …………………… 300㎖
    └ 酒、砂糖、みりん ……… 各大さじ1
- しょうゆ ……………………… 大さじ2

● 作り方
1 かぼちゃはわたと種を取り除き、3cm角に切る。
2 鍋にAを煮立て、1を並べ入れて落としぶたをし、中弱火で7～8分煮る。
3 しょうゆを加えて2～3分煮、強火にして煮汁がほぼなくなるまで煮る。

ポテトサラダ

冷凍すると水っぽくなってしまうポテトサラダは、水けが出ないように注意して冷凍しましょう。

3 定番おかずの冷凍保存法

かぼちゃ煮／ポテトサラダ

調理済みを 3週間

小分けにしてラップに包んで冷凍

小分けにしてラップにのせ、空気を抜きながら包む。冷凍用保存袋にまとめて入れる。

解凍法　冷蔵庫解凍

冷蔵庫で解凍する。カップに入れて凍らせておけば、そのままお弁当にも。

凍ったままお弁当に

冷凍保存してもおいしい！　ポテトサラダのレシピ

● 材料（4人分）

じゃがいも	2個
にんじん	1/4本
ロースハム	3〜4枚
A　玉ねぎ（すりおろし）	小さじ2
マヨネーズ	大さじ3
牛乳	少々
塩、こしょう、砂糖	各少々

● 作り方

1 じゃがいもはそれぞれラップで包み、電子レンジで6〜7分加熱する。粗熱がとれたらペーパータオルで皮をむき、ボウルに入れてつぶす。

2 にんじんはいちょう切りにし、熱湯で3分ほどゆでてザルにあげ、粗熱をとる。

3 ハムは1cm角に切る。

4 1に合わせたA、2、3を加えて全体をよく混ぜ合わせる。

レシピメモ　じゃがいもはゆでると水っぽくなるので、電子レンジで加熱してつぶして。同様に水っぽくなるので、きゅうりも加えずに冷凍を。

炊き込みごはん

炊き込みごはんは、長時間保温して保存するよりも、冷凍したほうがおいしく食べきれます。

調理済みを3週間

1膳分をラップに包んで冷凍

温かいうちに1膳分ずつラップにのせ、空気を抜きながら包む。冷ましたら冷凍用保存袋にまとめて入れる。

保存のコツ　炊きたての温かいものをラップで包んで冷凍するほうが、長く保温していたものよりおいしく冷凍できる。

解凍法　電子レンジ加熱

電子レンジで温める。

冷凍保存してもおいしい！　炊き込みごはんのレシピ

● 材料（作りやすい分量）

米	3合
鶏もも肉（1.5cm角に切る）	300g
ごぼう（縦半分に切って斜め薄切り）	50g
にんじん（いちょう切り）	50g

└あまったらミックスして冷凍（P81参照）

A ［ しょうゆ、みりん……各大さじ2
　　昆布（5cm角）……1枚
B ［ 酒、しょうゆ、みりん……各大さじ1
　　塩……小さじ1

● 作り方
1　米はかために水加減する。
2　鶏肉にAをからめておく。
3　1にBを入れてひと混ぜし、2、ごぼう、にんじんをのせて普通に炊く。

チャーハン

冷凍チャーハンはランチにも夜食にも最適。おなかがすいて今すぐ食べたいとき便利です。

3 定番おかずの冷凍保存法

炊き込みごはん／チャーハン

調理済みを 3週間

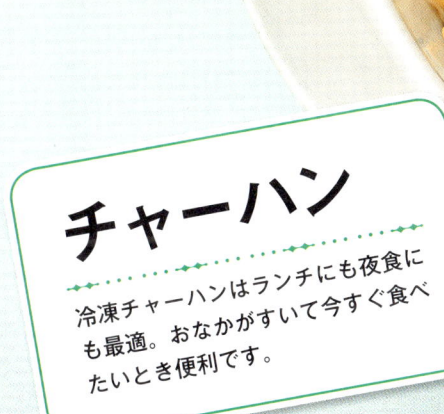

1食分をラップに包んで冷凍

温かいうちに1食分ずつラップにのせ、空気を抜きながら包む。冷ましたら冷凍用保存袋にまとめて入れる。

解凍法 電子レンジ加熱

電子レンジで温める。

冷凍○× チャーハンの解凍 ごはんは加熱しないとおいしくないので必ず電子レンジで加熱を。お弁当に入れるときは、加熱してから詰めてよく冷ます。

冷凍保存してもおいしい！ チャーハンのレシピ

● 材料（2人分）
- かに風味かまぼこ（半分に切ってほぐす）……4本
- 卵……2個
- ごはん（温かいもの）……400g
- 万能ねぎ（1cm幅の小口切り）……3～4本分
- 塩……適量
- こしょう……少々
- ごま油……大さじ1

● 作り方
1. 卵は溶きほぐし、塩少々を加える。
2. フライパンに半量のごま油を熱し、卵を一気に流し入れ、3～4回混ぜて半熟状で一度取り出す。
3. 2のフライパンに残りのごま油を足して強火で熱し、ごはんを入れて炒める。
4. かに風味かまぼこ、2をもどし入れ、パラパラになるように全体を炒め合わせる。塩、こしょうで味を調え、万能ねぎを加えてひと混ぜする。

海鮮ちらし寿司

海鮮ちらし寿司は刺身からドリップ（水け）が出るので、刺身と寿司飯を別々に保存するのがおすすめです。

調理済みを 3週間

刺身と寿司飯をそれぞれ冷凍

寿司飯は1食分ずつラップにのせ、空気を抜きながら包む。刺身も小分けにしてラップに包む。冷凍用保存袋にまとめて入れる。

解凍法：電子レンジ加熱 and 冷蔵庫解凍

寿司飯はレンジで加熱し、ほぐして粗熱をとる。刺身は冷蔵庫か流水で解凍。手まり寿司にしても。

冷凍保存してもおいしい！ 海鮮ちらし寿司のレシピ

● 材料（4人分）
- 米 ……………………………… 2合
- A
  - 酢 …………………………… 大さじ3
  - 砂糖 ………………………… 大さじ2
  - 塩 …………………………… 小さじ1
- 好みの刺身（まぐろ、いか、えびなど） ……… 適量
- わさびじょうゆ ………………… 適量

● 作り方
1. 米は研いで、2合の目盛りより少し下に水加減して炊飯器でかために炊く。
2. Aはよく混ぜ、溶かしておく。
3. 1が炊き上がったらボウルに移し、2を回し入れ、うちわであおぎながら手早く混ぜる。
4. 器に盛り、好みの刺身をのせて、わさびじょうゆを添える。

いなり寿司

お弁当にも、小腹がすいたときにも、チンしてパクッと食べられる冷凍いなり寿司は便利です。

定番おかずの冷凍保存法

海鮮ちらし寿司／いなり寿司

調理済みを 3週間

1個ずつラップに包んで冷凍

1個ずつラップにのせ、空気を抜きながら包む。冷凍用保存袋にまとめて入れる。

解凍法　電子レンジ加熱

電子レンジで温めて、少し冷ます。

いなり寿司のレシピ

冷凍保存してもおいしい！

● 材料（10個分）
- 油揚げ……………… 5枚
- A
  - 酒、砂糖、しょうゆ ……… 各大さじ2
  - 水 ……………… 100mℓ
- 米 ………………… 1.5合
- B
  - 酢 ……………… 大さじ3
  - 塩 ……………… 小さじ1弱
  - 砂糖 …………… 大さじ2～3
- ちりめんじゃこ …… 10g
- 白いりごま ………… 大さじ2

● 作り方
1. 油揚げは菜箸を転がして2～3往復させ、開きやすくする。熱湯にくぐらせて油抜きをする。
2. 鍋にAを入れて中火にかけ、煮立ったら1を平らに並べ入れる。落としぶたをし、弱火で10分ほど煮る。
3. 米は研ぎ、炊飯器で少しかために炊く。炊き上がったらボウルに移し、合わせたBを回し入れて混ぜる。うちわであおぎながら手早く冷まし、ちりめんじゃこ、白ごまも加えて混ぜ合わせる。
4. 3を10等分にし、軽くにぎる。2の汁けを軽く絞り、口を広げて寿司飯を詰め、口を閉じる。

半調理で 2週間

冷凍用保存袋に汁を含ませたまま入れて密封する。電子レンジで解凍して、作り方4と同様に寿司飯を詰める。

解凍法　電子レンジ解凍

127

お好み焼き

ソース風味が食欲をそそるお好み焼きは、軽食に最適。冷凍しておけば、おやつやランチに大助かり。

調理済みを 3週間

1枚ずつラップに包んで冷凍

しっかり冷まし、1枚ずつラップにのせて包み、冷凍用保存袋に入れる。

解凍法　電子レンジ加熱

電子レンジで温める。さらにフライパンで焼くとこんがりしておいしい。

冷凍保存してもおいしい！　お好み焼きのレシピ

● 材料（2枚分）
- 小麦粉　　　　　　　　 100g
- 水　　　　　　　　　 200㎖
- 大和いも（すりおろす） 大さじ2
  └ あまったら冷凍（P61参照）
- 豚バラ薄切り肉　　　　 100g
- 万能ねぎ（小口切り）　3～4本分
- キャベツ（細切り）　　　 4枚分
- 桜えび　　　　　　　　　 5g
- 揚げ玉　　　　　　　　 大さじ2
- サラダ油　　　　　　　　 適量

※マヨネーズ、中濃ソース、かつお節、青のりなどを仕上げにかける。

● 作り方
1. 豚肉は3～4cm長さに切る。
2. ボウルに小麦粉を入れ、水を少しずつ加えて泡立て器で混ぜ、大和いもを加えて混ぜ合わせる。
3. 2に万能ねぎ、キャベツ、桜えび、揚げ玉を入れ、全体を混ぜる。
4. フライパンにサラダ油少々を熱し、3の半量を入れて20cmくらいに広げる。1の半量をのせて弱めの中火で5～6分焼く。裏返して5～6分焼き、残りも同様に焼く。

焼きそば

夜食や休日のランチ、お弁当にも。電子レンジで温めるだけで、ささっとお手軽ごはんに。

調理済みを3週間

1食分をラップに包んで冷凍

しっかり冷まし、1食分ずつラップにのせ、空気を抜きながら包む。冷凍用保存袋にまとめて入れる。

解凍法　電子レンジ加熱

電子レンジで温める。自然解凍ではおいしくないので必ず温める。

お好み焼き／焼きそば

3 定番おかずの冷凍保存法

冷凍保存してもおいしい！　焼きそばのレシピ

● 材料（4人分）
- 中華蒸し麺 ……………………… 2玉
- 豚こま切れ肉 …………………… 50g
- キャベツ（1cm幅に切る）……… 2枚
- にんじん（細切り）……………… 50g
- 玉ねぎ（薄切り）………………… ½個
  └ あまったらミックスして冷凍（P81参照）
- 中濃ソース ……………… 大さじ2〜3
  （または添付の粉末ソースでもよい）
- サラダ油 ………………………… 小さじ2

● 作り方
1. フライパンにサラダ油を中火で熱し、玉ねぎを炒め、しんなりしたら豚肉を炒める。
2. 肉の色が変わったら、にんじんを加えて炒める。しんなりしたら、中華蒸し麺、キャベツをのせ、水大さじ1（分量外）を入れてふたをして1〜2分蒸し焼きにする。
3. ふたをはずして麺をほぐし、ソースを回し入れて炒め合わせる。

マカロニグラタン

冷凍するときはアルミカップで冷凍を。お弁当用には小さなカップ、家で食べるときは大きめのカップで。

アルミカップで焼いて冷凍

アルミカップなどに入れて焼き、しっかり冷まして、冷凍用保存袋にまとめて入れる。

調理済みを 3週間

保存のコツ グラタンは焼く前の状態でも、冷凍できる。カップごとラップで包んで、冷凍用保存袋に入れて冷凍を。室温で解凍してオーブントースターで焼いて。

解凍法 室温解凍
解凍してトースターで温める。小さめのカップに入れて凍らせればお弁当にも。必ずトースターで温めて。

\お弁当に/

冷凍保存してもおいしい！ マカロニグラタンのレシピ

◉ 材料（4人分）
- マカロニ……………………50g
- 玉ねぎ（薄切り）…………½個分
- むきえび……………………100g
- 塩、こしょう………………各少々
- ホワイトソース（P131参照）300mℓ
- ピザ用チーズ………………適量
  └ あまったら冷凍（P96参照）
- バター………………………大さじ1

◉ 作り方
1. マカロニは塩少々（分量外）を加えた熱湯で表示時間通りにゆでる。
2. フライパンにバターを溶かし、玉ねぎを弱火〜中火で3〜4分炒め、透き通ってきたら、むきえびを加えて2〜3分炒め、塩、こしょうをふる。
3. 1、ホワイトソースを加えて全体を混ぜる。
4. 耐熱容器に等分に入れ、ピザ用チーズをのせ、オーブントースターでこんがりとするまで焼く。

半調理で 3週間

冷凍用保存袋に入れて密封し、菜箸などで折り目をつける。電子レンジで温め、作り方4と同様にオーブントースターで焼く。

解凍法 電子レンジ加熱

定番ソースの冷凍保存法

パスタや煮込み、ソテーなどに幅広く使える定番ソースの冷凍保存法をご紹介します！

トマトソース
調理済みを3週間

ホワイトソース
調理済みを3週間

ミートソース
調理済みを3週間

冷まして、冷凍用保存袋に入れる

各ソースは冷まして、冷凍用保存袋に入れ、空気を抜いて密封する。菜箸などで折り目をつけても（P118参照）。

解凍法｜電子レンジ加熱
レンジで温めてパスタやトマト煮込みに。

冷凍保存してもおいしいレシピ

● 材料（作りやすい分量）
トマトの水煮（缶）1缶（400g）、にんにく（つぶす）1片、砂糖・小麦粉各小さじ1½、A[オリーブ油大さじ1、白ワイン大さじ2、塩小さじ½、ローリエ1枚]

● 作り方
1. 耐熱ボウルに砂糖、小麦粉を合わせ、トマトの水煮大さじ3ほどを加え、スプーンでよく混ぜ合わせる。
2. 残りのトマトの水煮を少しずつ加えて混ぜ、にんにく、Aを加え、ふわっとラップをし、電子レンジで約3分加熱する。
3. 一度取り出し、ひと混ぜし、さらに約2分ふつふつするまで加熱する。

解凍法｜電子レンジ加熱
レンジで温めてグラタンやクリームコロッケ、パスタに。

冷凍保存してもおいしいレシピ

● 材料（作りやすい分量）
小麦粉30g、牛乳500㎖、塩 こしょう各少々、バター大さじ1・2

● 作り方
1. ボウルに小麦粉をふるい入れ、牛乳少量を加え、泡立て器でとろとろに混ぜる。
2. 残りの牛乳を加え、溶きのばす。
3. フライパンに2、バター、塩、こしょうを入れて中火にかけ、ヘラで混ぜながら煮立て、ふつふつしたら火を止める。

解凍法｜電子レンジ加熱
レンジで温めてパスタやドリアに。

冷凍保存してもおいしいレシピ

● 材料（作りやすい分量）
合いびき肉300g、玉ねぎ中1個、にんにく（みじん切り）1片分、小麦粉小さじ1、A[トマトの水煮（缶）1缶（400g）、白ワイン大さじ2、砂糖小さじ1、塩小さじ½、ローリエ1枚]、オリーブ油 大さじ1

● 作り方
1. 玉ねぎはみじん切りにする。
2. 鍋にオリーブ油、にんにくを入れて弱火にかけ、香りが立ったら、1を弱～中火で5～6分炒める。玉ねぎが透き通ってきたら、合いびき肉を加え、パラパラになるように炒める。
3. 小麦粉をふり入れて全体を炒め、Aを加えてときどき混ぜながら約10分煮る。

定番おやつの冷凍保存法

おやつも冷凍しておくと便利です。トースト系は軽いランチにも。

ホットケーキ

調理済みを 3週間

1枚ずつラップに包んで冷凍

冷ましたら、1枚ずつラップで包み、冷凍用保存袋に入れる。

解凍法：電子レンジ加熱

電子レンジで温めて、好みでバターやメープルシロップをかける。加熱しすぎに注意する。

冷凍保存してもおいしいレシピ

● 材料（3〜4枚分）
卵1個、砂糖20g、はちみつ大さじ1、牛乳70〜80㎖、A[小麦粉100g、ベーキングパウダー小さじ1½]、サラダ油 少々

● 作り方
1. ボウルに卵を割り入れ、泡立て器で溶きほぐし、砂糖、はちみつを加えてよく混ぜ、牛乳も加えてよく混ぜる。
2. Aをふるい入れ、泡立て器でよく混ぜ合わせる。
3. フライパンに薄くサラダ油を塗り、弱火で温め、2をおたま1杯ほど入れて焼く。
4. 表面がぶつぶつしてきたら、裏返して2分ほど焼き、残りも同様に焼く。

クッキー

半調理で 3週間

ラップで包んで冷凍

生地をラップで包み、両端をねじって留める。冷凍用保存袋に入れる。

解凍法：室温解凍 or 冷蔵庫解凍

室温、または冷蔵庫で包丁で切れるくらいまで解凍し、6〜7mm幅に切り、170〜180℃のオーブンで15分ほど焼く。

冷凍保存してもおいしいレシピ

● 材料（約30枚分）
バター（室温にもどす）80g、砂糖60g、溶き卵½個分、A[小麦粉160g、ベーキングパウダー 小さじ½]、バニラエッセンス少々

● 作り方
1. ボウルにバターを入れて泡立て器でやわらかく練り、砂糖を加えてよく混ぜる。
2. バニラエッセンス、溶き卵を加えてよく混ぜ、Aをふるい入れ、ヘラで全体をよく混ぜる。
3. 直径3cmほどの棒状にする。

ピザトースト

半調理で3週間

ラップに包んで冷凍
ラップでぴっちり包んで冷凍用保存袋に入れる。

解凍法：凍ったまま使う
凍ったままオーブントースターで4〜5分ほど焼く。

冷凍保存してもおいしいレシピ

● 材料（2枚分）
食パン2枚、トマトソース（冷凍→P131、または市販）大さじ4、ピザ用チーズ10g、サラミ（薄切り）適量、ピーマン（細切り）適量

● 作り方
食パンにトマトソースを塗って、ピザ用チーズをふり、サラミ、ピーマンをのせる。

フレンチトースト

半調理で3週間

ラップに包んで冷凍
食べる分ずつラップで包んで、冷凍用保存袋に入れる。

解凍法：凍ったまま使う
凍ったままバターを溶かしたフライパンで焼く。

冷凍保存してもおいしいレシピ

● 材料（フランスパン1本分）
フランスパン（3cm厚さに切ったもの）1本分、卵2個、A[砂糖大さじ3〜4、牛乳200㎖、バニラエッセンス少々]

● 作り方
1 ボウルに卵を溶きほぐし、Aを加えてよく混ぜる。
2 バットにフランスパンを並べ、1を回しかけ、15分ほどおく（途中一度裏返す）。

白玉団子

調理済みを1カ月

1食分ずつラップに包んで冷凍
食べる分ずつラップで包んで、冷凍用保存袋に入れる。

解凍法：電子レンジ解凍
解凍して好みで小倉あんや砂糖入りきなこを添える。

冷凍保存してもおいしいレシピ

● 材料（2人分）
白玉粉50g、水40〜50㎖

● 作り方
1 白玉粉に水を少しずつ加えて耳たぶくらいのかたさに練り混ぜて丸め、真ん中を少しくぼませる。
2 熱湯に1を入れてゆで、浮き上がったら水に取る。粗熱がとれたらザルに上げ、水けをきる。

3 定番おかずの冷凍保存法　定番おやつ

Dessert Column 2

冷凍庫でできる！
フリージングおやつ

冷凍庫に入れるだけ！ そのままストックできて食べたいときにすぐ食べられる便利なおやつです。

ビスケット ＋ ラムレーズン／生クリーム → 冷凍

つぶあん ＋ ミルク → 冷凍

あんことミルクが凍って二層に！
小倉ミルクキャンディー

● 材料（作りやすい分量）
つぶあん（缶）……………………… 200g
牛乳 ………………………………… 300㎖
コンデンスミルク ……………… 大さじ3

● 作り方
1 ボウルにすべての材料を入れてよく混ぜる。
2 製氷皿に注いで冷凍する。

食べ方
凍ったまま食べる。ピックを刺したり、アイスのスプーンを刺して凍らせてもOK。

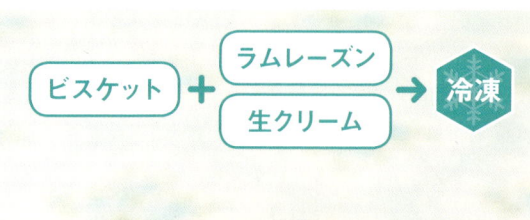

人気のレーズンサンド風
レーズンビスサンド

● 材料（6個分）
ビスケット
　（直径6cmくらい）…… 12枚
牛乳 ……………… 大さじ2〜3
生クリーム …………… 50㎖
砂糖 …………………… 小さじ2

A ┃ レーズン ……………… 30g
　 ┃ 砂糖、水 …… 各小さじ2
　 ┃ バニラエッセンス、
　 ┃ 　ラム酒 ………… 各少々

● 作り方
1 耐熱容器にAを入れてよく混ぜてふわっとラップをし、電子レンジで20〜30秒加熱して冷ます。
2 ボウルに生クリームと砂糖を入れ、八分立てに泡立てる。
3 ビスケットを牛乳にさっと浸し、2の生クリーム大さじ1強、1のレーズン6〜7粒をのせてもう1枚のビスケットではさむ。
4 1個ずつラップで包み、冷凍用保存袋に入れて冷凍する。

食べ方
5〜10分ほど、好みのかたさに室温解凍して食べる。

フルーツ缶 + ゼラチン → 冷凍

ゼリーの食感が楽しい！
ひと口ゼリーシャーベット

◉ 材料（30㎖のシリコンカップ7〜8個分）
フルーツミックス（缶詰）
　　　……総量200g
粉ゼラチン
　　　……小さじ1（3g）
冷水……大さじ2
A ┃ レモン汁……小さじ1
　 ┃ 砂糖……大さじ2
　 ┃ 缶シロップ……80㎖

◉ 作り方
1 冷水に粉ゼラチンをふり入れ、混ぜてふやかす。
2 フルーツ缶はザルにあけ、果肉と缶シロップに分け、大きいものは小さく切る。
3 Aの缶シロップ50㎖を電子レンジで約30秒加熱し、1をほぐし入れ、混ぜて溶かす。残りのAを加えてよく混ぜ、2のフルーツも加えて混ぜ合わせる。
4 粗熱をとり、カップに注いで冷凍する。

食べ方
凍ったまま食べる。桃やマンゴーなど好みのフルーツで作っても！

肉まん風の満腹おやつ
ねぎ豚マフィン

◉ 材料（8枚分）
イングリッシュマフィン……4個
豚ひき肉……200g
A ┃ 万能ねぎ（小口切り）……6〜7本分
　 ┃ ピザ用チーズ……40g
　 ┃ しょうゆ、酒……各大さじ1½
　 ┃ 砂糖、ごま油、片栗粉……各小さじ2

◉ 作り方
1 マフィンは厚みを半分に切る。
2 ボウルに豚肉、Aを入れてよく練り混ぜる。
3 1の切り口に2を等分にのせて平らにする。
4 1枚ずつラップで包み、肉だねを押さえてしっかりとなじませる。冷凍用保存袋に入れて冷凍する。

食べ方
凍ったまま焼いて食べる。フライパンにごま油少々を熱し、マフィンの肉を下にして並べ入れる。ふたをして弱火で7〜8分焼き、こんがりとしたら裏返し、1分ほど焼く。

マフィン + 肉だね → 冷凍

冷凍コラム③

使いやすくなってグンと長持ち！

冷凍庫の収納の正解

正しい冷凍法をマスターしたら、冷凍庫の収納もひと工夫。種類ごとに所定の場所を決めて、立てて冷凍すれば、探す手間が減って、電気代の節約に。食材も長持ちします。

NG収納　ごちゃごちゃで何が入っているのかわからない…

エリアが分かれていない
所定の場所が決まっていないと何が入っているのかわかりません。

横置きにしたり、上に重ねている
横置きはスペースをとります。上に重ねていくと何が入っているのかがわからなくなり、古いものが下になるので、使い忘れの原因にも。

そのまま詰め込んでいる
パックに入った肉、スーパーの袋に入った野菜など形がバラバラのまま冷凍しているとムダにスペースをとってしまいます。また、密封していないと乾燥や冷凍やけをおこすことも。

おすすめ！ 収納便利グッズ

冷凍庫の収納に便利なグッズを紹介します。

ゴム
冷凍用保存袋を種類別にまとめるのに便利。輪ゴムは劣化しやすいので、髪の毛用のヘアゴムがおすすめです。

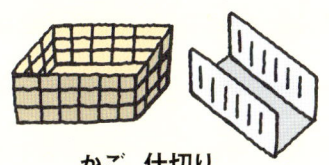

かご、仕切り
使いかけのものや細かいものを仕切って収納するのに便利です。仕切りには、ブックスタンドを使っても。

クリップ
開封済みのものを留めておくのに、事務用クリップが重宝します。

OK収納　何が入っているのかが一目瞭然！

仕切りを使う
かごや仕切りを使うと収納しやすくなります。

ラベル：魚介／肉／市販品／野菜／調理済み／使いかけ

ゴムでまとめる
種類別にゴムでまとめておくとわかりやすく収納できます。食品が少なくなるとバラバラと倒れやすくなりますが、ゴムでまとめれば、立てて保存できます。

同じサイズの保存袋を立てて保存
同じサイズの冷凍用保存袋を使い、立てて入れると、省スペースで収納できます。立てて保存すれば中身も確認できます。

エリアを分ける
種類別にエリアを分けておき、さらに使う頻度の高いものを手前に置くと、スピーディーに出し入れができます。置き場所に自分なりのルールを作っておきましょう。

食材、料理別 50音さくいん

食材

あ	青じそ	77
	あさり、しじみ	46
	あじ	38
	あじの干物	49
	厚揚げ	91
	油揚げ	91
	アボカド	87
	あんこ	106
い	いか	44
	いくら	47
	いちご	82
	いわし	40
	うどん	100
う	うなぎの蒲焼き	50
え	枝豆	73
	えのきだけ	74
	えび	45
	おから	92
お	オクラ	72
	お茶	105
	オレンジ	86
か	かじき（切り身）	42
	かつお節	102
	かぶ	64
	かぶの葉	64
	かぼちゃ	58
	かまぼこ	51
	カリフラワー	69
き	キウイフルーツ	85
	キャベツ	54
	牛・豚ひき肉	24
	牛厚切り肉（牛ステーキ肉／牛カルビ肉／シチュー用牛肩肉）	31
	牛こま切れ肉	30
	牛乳	96
	きゅうり	70
	ぎょうざの皮	101
	切り干し大根	80
	切り餅	100

く	グリーンアスパラガス	71
	グリーンピース	73
	グレープフルーツ	86
	クロワッサン	98
こ	高野豆腐	90
	珈琲	105
	ゴーヤー	71
	ごはん	98
	ごぼう	62
	ごま	105
	小松菜	52
	小麦粉（片栗粉）	101
	昆布	103
さ	さけ（切り身）	41
	さつま揚げ	51
	さつまいも	59
	里いも	60
	さば（切り身）	43
	さやいんげん	73
	さやえんどう	73
	さんま	39
し	しいたけ	74
	ししゃも（丸干し）	49
	しめじ	74
	じゃがいも	57
	春菊	53
	しょうが	78
	食パン	98
	しらす	50
す	スパイス（赤唐辛子／ドライハーブ／こしょう）	104
せ	セロリ	72
	セロリの葉	72
そ	ソーセージ	37
	そば	100
た	大根	65
	大豆	93
	大福	106
	たけのこ（水煮）	75
	だし	102
	卵	94
	玉ねぎ	56
	たら（切り身）	42
	たらこ、明太子	48
ち	チーズ	96
	チーズケーキ	107
	ちくわ	51
	中華蒸し麺	100
	チョコレートケーキ	107
	ちりめんじゃこ	50
	チンゲン菜	53
つ	漬け物	104
と	豆腐	90
	トマト	66
	鶏ささみ	34
	鶏手羽先、手羽元	35
	鶏ひき肉	25
	鶏むね肉	33
	鶏もも肉	32
	鶏レバー	36
な	長ねぎ	76
	なす	67
	ナッツ	105
	納豆	92
	生クリーム	97
	なめこ	74
に	煮干し	102
	にら	75
	にんじん	55
	にんにく	78
の	のり	103
は	パイナップル	85
	白菜	53
	バジル	77
	パスタ	99
	パセリ	77
	バター	96
	バナナ	85
	パプリカ	68
	ハム（生ハム）	37
	春巻きの皮	101

	パン粉	101
	万能ねぎ	76
	はんぺん	51
ひ	ピーマン	68
	ピザ用チーズ	96
	ひじき（乾燥）	79
ふ	豚厚切り肉	29
	豚薄切り肉	26
	豚かたまり肉（豚バラ肉／豚スペアリブ／豚もも肉）	28
	豚こま切れ肉	27
	プチトマト	66
	ぶどう	85
	ぶり（切り身）	43
	ブルーベリー・ラズベリー	87
	ブロッコリー	69
へ	ベーコン	37
ほ	ほうれん草	52
	ほたて	47
ま	まぐろの刺身	50
み	みかん	86
	みつば	77
	みょうが	76
め	メロン・すいか	86
も	もやし	75
や	山いも	61
ゆ	ゆず	84
	ゆでだこ	46
よ	ようかん	106
	ヨーグルト	97
り	りんご	82
れ	レモン	83
	れんこん	63
る	ロールケーキ	107
わ	わかめ	103

料理

い	いなり寿司	127
お	お好み焼き	128
か	海鮮ちらし寿司	126
	かき揚げ	117
	かぼちゃ煮	122
	から揚げ	113
	カレーライス	119
き	牛丼	114
	ぎょうざ	111
こ	コロッケ	120
た	炊き込みごはん	124
ち	筑前煮	116
	チャーハン	125
と	トマトソース	131
	とんカツ	112
に	煮豚	115
は	ハヤシライス	118
	春巻き	121
	ハンバーグ	110
ほ	ポテトサラダ	123
	ホワイトソース	131
ま	マカロニグラタン	130
み	ミートソース	131
や	焼きそば	129

おやつ

あ	アップルデニッシュ	89
お	小倉ミルクキャンディー	134
く	クッキー	132
し	白玉団子	133
ね	ねぎ豚マフィン	135
ひ	ピザトースト	133
	ひと口ショートケーキ	88
	ひと口ゼリーシャーベット	135
ふ	フレンチトースト	133
	フローズンヨーグルト	89
ほ	ホットケーキ	132
れ	レーズンビスサンド	134
よ	ヨーグルトココアバナナ	88

オススメ！ 冷凍保存OK！の お弁当おかず

冷凍しておけば、**そのまま入れるだけでお弁当が完成する**便利なおかずです。時間があるときに作っておくと重宝します。ごはんなどの主食は、1度加熱してから詰めましょう。

	食材	おかず・料理	
主菜	合いびき肉	肉団子	24
		春巻き	121
		ハンバーグ	110
	牛肉こま切れ	牛丼の具	114
	鶏ひき肉	つくね	25
		そぼろ	25
	鶏もも肉	から揚げ	113
	豚こま切れ肉	豚肉のつまみ揚げ	27
	豚薄切り肉	野菜の肉巻き	26
	豚厚切り肉	とんカツ	112
	じゃがいも	コロッケ	120
副菜	かぼちゃ	かぼちゃ煮	122
		かぼちゃのサラダ	58
	きゅうり	きゅうりの甘酢漬け	70
	ごぼう	ごぼうのきんぴら	62
		筑前煮	116
	さつまいも	さつまいもの甘煮	59
	しめじ	しめじの炒め物	74
	じゃがいも	ポテトサラダ	123
	にんじん	にんじんとじゃこのきんぴら	55
	ピーマン	ピーマンの甘辛炒め	68
	ブロッコリー	ブロッコリーのごまあえ	69
	切り干し大根	切り干しナムル	80
	ひじき（乾燥）	ひじき煮	79
	おから	おからの炒り煮	92
	高野豆腐	高野豆腐の甘煮	90
	卵	炒り卵	95
		かにかま卵焼き	95
主食	ごはん	いなり寿司	127
		炊き込みごはん	124
		チャーハン	125
	中華蒸し麺	焼きそば	129
	パスタ	ナポリタン	99
	マカロニ	マカロニグラタン	130

よく使う食材の冷凍法をチェック！
食材別冷凍早見表

よく使う食材の冷凍保存方法と保存期間ををピックアップしました。どのように冷凍するのかが、さっとチェックできます。

肉類

牛・豚ひき肉 →P24
酒をふって	2週間
炒めて塩、こしょうして	2週間
肉団子にして	2週間

豚薄切り肉 →P26
酒をふって	2週間
しょうがじょうゆに浸けて	2週間
野菜の肉巻きにして	2週間

牛こま切れ肉 →P30
酒をふって	2週間
しょうゆだれに浸けて	2週間

鶏もも肉 →P32
切って酒をふって	2週間
ハーブオイルに浸けて	2週間

魚介類

さけ（切り身） →P41
酒をふって	2週間
塩麹に浸けて	2週間
焼いてほぐして	3週間

切り身魚（かじき、たらなど） →P42
酒をふって	2週間
しょうゆだれに浸けて	2週間
みそだれに浸けて	2週間

あじ →P38
塩をふって	2週間
三枚おろしにして	2週間

えび →P45
酒をふって	2週間
ゆでて殻をむいて	2週間

魚介類

たらこ、明太子 →P48
切ってラップして	2週間
焼きたらこにして	3週間

野菜類

青菜 →P52
ほうれん草はゆでて	2週間
小松菜は切って	2週間

キャベツ →P54
切って	2週間
ゆでて	2週間

にんじん →P55
切って	2週間
ゆでて	3週間
きんぴらにして	3週間

野菜類

玉ねぎ →P56
薄切りにして	2週間
薄切りを炒めて	3週間

きゅうり →P70
塩もみにして	3週間
合わせ酢に浸けて	3週間

かぼちゃ、さつまいも →P58、59
切って	2週間
マッシュして	3週間
さつまいもは甘煮にして	3週間

ごぼう、れんこん →P62、63
切って	2週間
ゆでて	3週間
ごぼうはきんぴらにして	3週間

野菜類

大根 →P65
切って	2週間
塩、砂糖をふって	2週間
大根おろしにして	3週間

きのこ類 →P74
切って	2週間
なめこはパックで	3週間
しめじは炒めて	3週間

万能ねぎ →P76
10cmに切って	2週間

にんにく、しょうが →P78
にんにくは皮をむいて	2週間
しょうがはみじん切りに	2週間
しょうがはおろして	2週間

果実類

いちご →P82
ヘタを取って	3週間
刻んで砂糖を加えて	3週間

りんご →P82
すりおろして加熱して	3週間
甘煮にして	3週間

レモン →P83
丸ごとラップして	3週間
絞って果汁にして	3週間
輪切りにして	3週間

バナナ、キウイ →P85
切って	3週間

大豆製品

豆腐 →P90
水を抜いてパックで	2週間

厚揚げ、油揚げ →P91
油抜きをして切って	2週間

卵、乳製品

卵 →P94
黄身、白身は別にラップ	2週間
溶きほぐして	2週間
炒り卵、卵焼きにして	3週間

チーズ →P96
小分けにしてラップして	3週間

穀類

ごはん →P98
1膳分ずつラップして	2週間

食パン →P98
1枚ずつラップして	2週間

その他

だし →P102
保存袋に入れて	3週間

スパイス →P104
保存袋に入れて	1カ月

● 著者紹介　舘野 鏡子
[たての　きょうこ]
料理研究家。音楽大学在学中にNHK「きょうの料理」コンクールに入賞したことをきっかけに料理の世界へ。家族との生活の中から生み出される簡単でおいしくて、ひと工夫あるレシピが人気。日々のごはん作りやお弁当作りに「冷凍保存」を積極的に活用中。そのノウハウを本書で惜しみなく紹介している。著書に「手間なしムダなしお弁当おかず」(小学館)、「現役主婦の変身！新発想　レシピ1つ作って×3世代おかず」(主婦の友社) などがある。

- ●撮影 ——————— 山下千絵
- ●スタイリング —— 鈴木亜希子
- ●イラスト ——————— シュクヤフミコ
- ●デザイン ——————— 岡田恵子（ok design）
- ●DTP ——————————— 株式会社秀文社
- ●校正 ———————————— 株式会社草樹社
- ●編集協力 ————— 村山千春、森下紗綾香、高津杏子（食のスタジオ）

かんたん！ラクチン！冷凍保存の便利レシピ266

- ●著　者 ——————— 舘野 鏡子 [たての　きょうこ]
- ●発行者 ——————— 若松 和紀
- ●発行所 ——————— 株式会社西東社（せいとうしゃ）
〒113-0034 東京都文京区湯島 2-3-13
営業部：TEL（03）5800-3120　　FAX（03）5800-3128
編集部：TEL（03）5800-3121　　FAX（03）5800-3125
URL：http://www.seitosha.co.jp/

本書の内容の一部あるいは全部を無断でコピー、データファイル化することは、法律で認められた場合をのぞき、著作者及び出版社の権利を侵害することになります。
第三者による電子データ化、電子書籍化はいかなる場合も認められておりません。
落丁・乱丁本は、小社「営業部」宛にご送付ください。送料小社負担にて、お取替えいたします。

ISBN978-4-7916-2142-2